© Verlag Herder GmbH, Freiburg im Breisgau 2009

Alle Rechte vorbehalten

www.herder.de

Gesamtgestaltung: Weiß-Freiburg GmbH – Graphik & Buchgestaltung

Herstellung: fgb · freiburger graphische betriebe

www.fgb.de

Printed in Germany

ISBN 978-3-451-70964-7

Quellennachweis:

Eugen Roth: Einsicht. © Max Schwarz.

Julia Knop

Die großen Fragen der Menschen

Ethik für Kinder

Mit Bildern von Katrina Lange

HERDER

FREIBURG · BASEL · WIEN

Inhalt

Vorwort

Hallo!

Kannst du dich an eine Situation erinnern, in der du nicht wusstest, wie du dich verhalten sollst? Hast du schon einmal für jemanden gesorgt, zum Beispiel für deine kleine Schwester? Was hast du getan, damit es ihr gut ging? Kennst du das Gefühl, ungerecht behandelt zu werden? Wie kann man einen Streit beenden? Was bedeutet es, ein Freund zu sein? Was müssen wir tun, damit es gerecht zugeht in unserer Welt? Warum leben wir eigentlich so, wie wir leben?

Solche und viele andere Fragen begleiten uns Menschen unser Leben lang. Sie gehören zur Ethik. Ethik nennt man das Nachdenken über Gut und Böse, über richtiges und falsches Handeln, über Regeln und Gerechtigkeit, über Freiheit, Freundschaft und Frieden.

Einige der Fragen und Beispiele, die in diesem Buch vorkommen, kennst du bestimmt. Andere sind neu. Zu allen großen Fragen findest du verschiedene Antworten. Kinder und Erwachsene, gläubige Menschen, Erzähler, Forscher und Politiker haben sie in unserer Zeit oder schon vor vielen hundert Jahren gefunden. Diese Menschen haben eines gemeinsam: Sie denken gern nach über große Fragen. Sie haben Freude daran, verschiedene Blickwinkel auszuprobieren und nach der besten Lösung zu suchen. Sie alle wollen dazu beitragen, dass unser Zusammenleben in der Familie, in der Schule, in unserem Land und auf der ganzen Welt gelingt.

Machst du mit?

Viel Spaß beim Nachdenken wünscht dir

Julia Knop

Warum sollen wir Gutes tun?

Auf diese Frage gibt es eine Menge möglicher Antworten:

Um glücklich zu sein. Weil ein Gesetz es uns vorschreibt. Weil unser Zusammenleben nur so funktioniert. Weil wir sonst bestraft werden. Damit es möglichst vielen Menschen gut geht. Damit andere uns mögen.

Viele Philosophen, die in der Geschichte über diese Frage nachgedacht haben, geben eine allgemeinere Antwort. Sie sagen: Regeln oder Gesetze sind nicht automatisch richtig. Abzuwägen, wie viele Vorteile es bringt, gut zu sein, reicht auch nicht aus. Dann ist nicht mehr das Gute das Ziel, sondern der Vorteil oder die Belohnung, die man bekommt. Das Gute selbst ist aber das Ziel. Damit ist gemeint: Wir handeln dann gut, wenn es uns nicht um eine Belohnung, sondern um das Gute selbst geht.

Wem nützt es, gut zu sein?

Opa hat viel Zeit für seine Enkel und bringt ihnen sogar manchmal ein kleines Geschenk mit. Meistens gefällt es ihnen. Manchmal nicht. Letztens hat er eine alte Schnupftabakdose mitgebracht. Keiner der Enkel braucht eine Tabakdose. Aber sie freuten sich trotzdem und meinten es ehrlich, als sie sich bedankt haben. Worüber haben sie sich gefreut?

Der englische Philosoph David Hume vertrat vor etwa 250 Jahren die Meinung, dass wir die Eigenschaften gut finden, die anderen nützen.
Jeremy Bentham erklärte etwas später: „Gut ist das, was möglichst vielen Menschen möglichst viel Glück bringt." Großzügigkeit ist

durchaus eine Eigenschaft, die anderen Glück und Vorteile bringt. Hume und Bentham hätten also gesagt: Die Enkel schätzen ihren Großvater deswegen, weil er ihnen tolle Geschenke mitbringt.

Das spielt sicher auch eine Rolle. Kaum jemand würde sich nicht über ein Geschenk freuen. Aber ist das schon alles? Dann wäre Opas Großzügigkeit nur dann gut, wenn sein Geschenk ein Volltreffer ist. Die Schnupftabakdose war aber gerade kein Treffer.

Was meinst du? Wird eine Eigenschaft erst dadurch gut, dass sie anderen nützt? Oder ist Opas Großzügigkeit unabhängig davon gut, ob sein Geschenk den Kinder gefällt? Und mögen die Kinder ihren Opa nur, weil er Geschenke mitbringt?

Richtig oder falsch, gut oder böse, wahr oder gelogen?

Bestimmt hat dein Vater oder deine Mutter dir schon einmal eine Geschichte erzählt. Und vielleicht hast du dich danach gefragt, ob die Geschichte stimmt. Welches Wortpaar passt am besten, um das herauszufinden? Ist die Geschichte richtig oder falsch, gut oder böse, wahr oder gelogen?

Wenn du dagegen wissen möchtest, ob dein Ergebnis in einer Mathe-Aufgabe stimmt oder nicht, fragst du am besten: Ist das Ergebnis richtig oder falsch? Es wäre seltsam, wenn du fragen würdest: Ist das Ergebnis gut oder böse? Wenn dein Mitschüler in sein Mathe-Heft schreibt: 47−21=15, dann hat er nicht gelogen, sondern er hat sich verrechnet. Er ist auch kein böser Rechner, sondern höchstens ein schlechter.

Wenn seine große Schwester ihn allerdings ärgern wollte und ihm bei den Hausaufgaben ein falsches Ergebnis vorgesagt hat, dann hat sie ihn angelogen. Es war falsch, das zu tun, und die große Schwester war böse. Man muss also gut aufpassen, welches Wort man verwendet…

Macht das überhaupt einen Unterschied? Und ob!

Wenn das Erste gilt, könnte alles Mögliche falsch sein, je nachdem, wer gerade die Macht hat, ein Verbot auszusprechen. Wenn der Herrscher eines Landes keine grünen Hemden mag, könnte er verbieten, sie anzuziehen. Dann würde gelten: Es ist falsch, grüne Hemden zu tragen. Wenn jemand wissen wollte, warum, könnte man nur antworten: Weil der Herrscher es verboten hat. Basta. Einen anderen Grund gibt es nicht. Man wäre also schnell fertig damit, zu fragen und nachzudenken.

Wenn das Zweite gilt, sind Verbote mehr als die Laune eines Herrschers, der keine grünen Hemden mag. Dann gibt es Dinge, die auch dann falsch sind, wenn es kein Verbot für sie gibt. Jemanden zu quälen oder zu foltern etwa ist nicht bloß deshalb falsch, weil die meisten Staaten in ihrem Gesetz die Folter verbieten. Dann wäre es erlaubt, sobald diese Staaten das Gesetz aufheben. Einen Menschen zu foltern bleibt aber immer falsch, ganz egal, welche Gesetze die Menschen machen. Denn jeder Mensch hat ein Recht darauf, geachtet zu werden. Man darf ihn nicht grundlos verletzen, schon gar nicht zum Spaß, um ihn klein zu machen oder um ihn zu etwas zu zwingen, das er freiwillig nie tun würde.

Ist ein Kaninchen böse, das eine Blume anknabbert? Immerhin ist der Besitzer des Gartens traurig darübcr, dass das Kaninchen das Blumenbeet zerstört hat. Wie ist es mit einem Geparden, der eine Gazelle jagt, erlegt und auffrisst? Ist der Gepard böse? Gibt es einen Unterschied zwischen ihm und einem Mann, der einen anderen Mann hasst, ihn über Wochen beobachtet und verfolgt und ihn schließlich verprügelt oder sogar tötet?

In der Natur spricht man manchmal von natürlichen Feinden. Der natürliche Feind der Gazelle ist der Gepard. Und der natürliche Feind des Blumenbeets ist das Kaninchen. Damit ist gemeint: Die Natur ist so eingerichtet, dass Geparden Gazellen jagen und Kaninchen Blumen anknabbern. Es gehört zum Wesen dieser Tiere, so zu leben. Sie können nichts dafür. Sie sind nicht böse, wenn sie so leben, wie sie sind.

Wenn ein Mensch einen anderen verfolgt und tötet, ist das etwas anderes. Denn seine Natur gibt ihm nicht vor, einen anderen zu hassen oder zu quälen. Im Gegenteil. Wir Menschen sind frei. Und wir wissen, dass wir das nicht tun dürfen. Tun wir es dennoch, sind wir dafür verantwortlich. Denn zu unserem Wesen gehört, dass wir über unser Verhalten nachdenken können und dass wir uns bewusst für oder gegen etwas entscheiden. Nur wer das kann, kann gut oder böse sein und richtig oder falsch handeln.

Was ist Freiheit?

Schneeflocken und Schneemänner

Schneeflocken sehen wunderschön aus. Sie entstehen, wenn die Wassertröpfchen, die eine Wolke bilden, an winzig kleinen Staubteilchen festfrieren. Daraus entstehen Eiskristalle, die auf unsere Erde fallen und sie mit einem weißen Schleier überziehen.

Wenn es längere Zeit geschneit hat, bevölkern Schneemänner die Landschaft. Sie haben dicke Bäuche, schwarze Augen und einen Hut. Sie sind freundlich, allerdings auch ziemlich faul. Sie bleiben auf einer Stelle stehen, bis die Sonne kommt und sie zum Schmelzen bringt.

Warum gibt es Schnee? Und aus welchem Grund gibt es Schneemänner? Worin unterscheiden sich die beiden Antworten?

Die meisten Dinge auf unserer Welt sind nicht einfach so da, sondern sie haben einen Grund. Die Gründe, warum es etwas gibt, sind allerdings verschieden, je nachdem, worum es sich handelt. Abläufe in der Natur haben *Ursachen*, die man erforschen und messen kann. Menschliche Handlungen haben *Gründe*. Sie geschehen, weil jemand es so wollte, also aus Absicht: Ihr Grund ist die Freiheit eines Menschen. Aber was bedeutet es, frei zu sein?

Ist ein Würfel frei?

Beim Würfelspiel braucht man Glück. Denn man weiß nie, welche Zahl gewürfelt wird. Die Wahrscheinlichkeit, eine 6 zu würfeln, ist genauso hoch wie die, eine 3 zu würfeln. Sogar wenn man zehnmal hintereinander eine 5 gewürfelt hat, kann man genauso gut noch einmal eine 5 würfeln wie eine 2. Man kann nicht berechnen oder vorhersagen, welche Zahl als nächste kommt. Das Würfelergebnis ist dem Zufall überlassen. Alle Möglichkeiten sind offen. Nichts ist festgelegt. Ist der Würfel deshalb frei?

Ein seltsamer Gedanke, oder? Der Würfel entscheidet sich ja nicht für eine bestimmte Zahl. Deshalb spricht man hier nicht von Freiheit, sondern von Zufall. Freiheit ist offensichtlich etwas anderes.

Nehmen wir ein anderes Beispiel: Zum Nachtisch gibt es Eis. Jedes Kind darf zwischen Erdbeer-Eis und Schokoladen-Eis wählen. David mag am liebsten Erdbeer-Eis. Das wissen seine beiden Schwestern. Wenn man sie fragt, wofür sich David wohl entscheiden wird, sagen sie sofort: „Erdbeer natürlich."

So geschieht es dann auch. David wählt Erdbeer-Eis. Anders als beim Würfel-Ergebnis können seine Schwestern vorhersagen, was er wählen wird. Hatte David trotzdem eine freie Wahl? Ändert sich seine Freiheit zu wählen, wenn niemand seine Lieblings-Sorte kennt?

Was denkst du: Kann man nur dann von Freiheit sprechen, wenn niemand weiß, was passieren wird? Oder zählt für die Frage, ob etwas aus Freiheit geschah, gar nicht das Ergebnis einer Handlung, sondern vielmehr die Entscheidung und die Absicht dessen, der handelt?

Muss man sich entscheiden?

Manche sagen: Freiheit bedeutet, immer tun zu können, was man will, jeden Tag neu entscheiden zu können, was man tun möchte: schwimmen oder Fahrrad fahren, am Computer spielen oder lesen, heute mit Anna befreundet sein und morgen mit Lisa. Aus diesem Blickwinkel ist jemand, der sich auf etwas festlegt, nicht mehr frei. Denn wer in den Schwimmverein geht, legt sich fest, jeden Montagnachmittag ins Schwimmbad zu fahren. Er ist montags nicht mehr frei, in den Chor zu gehen.

Andere sagen: Gerade die Möglichkeit, sich festzulegen, ist ein Kennzeichen der Freiheit. Denn hier gibt der Mensch sich selbst eine Richtung – nicht weil ihn jemand zwingt, sondern absichtlich und aus freien Stücken: weil er es will. Jemand, der sich auf keinen Fall festlegen will, kann deshalb kein Freund sein und schon gar nicht heiraten. Denn Eheleute binden sich aneinander. Sie legen sich fest, auch wenn sie nicht wissen, was das Leben noch bringt und welche Menschen sie noch treffen werden. Sie sagen zueinander: „Du kannst dich immer auf mich verlassen. Ich stehe zu meinem Wort."

Was denkst du? Sind Kinder, die Freundschaft schließen, oder Erwachsene, die heiraten, nicht mehr frei? Muss man sich alle Möglichkeiten offenhalten, um frei zu sein? Ist jemand frei, der sich nicht entscheiden mag?

Du kannst, denn du sollst!

Ist Freiheit etwas in uns selbst oder eine Sache der äußeren Umstände? Ist jemand nur dann frei, wenn niemand ihn zwingt, etwas zu tun?

Der Philosoph Immanuel Kant lebte vor über 200 Jahren. Er hat viel über die Freiheit nachgedacht. Er hat ein berühmtes Beispiel gegeben, mit dem er erklärt, dass jemand auch unter Androhung einer schlimmen Strafe frei ist, sich für das Richtige zu entscheiden.

Das Beispiel geht so: Ein mächtiger Fürst möchte einen Gegner loswerden. Dazu braucht er die Hilfe eines seiner Untertanen. Der Untertan soll für ihn lügen. Der Fürst droht: Wenn er das nicht tut, wird er ihn töten. Der Untertan hat also die Wahl: Wenn er für seinen Fürst lügt, bleibt er am Leben. Wenn er das nicht tut, wird er sterben.

Kant sagte: Vermutlich würden sich die meisten bei einer solchen Wahl für die Lüge entscheiden. Das ist verständlich, denn sie wollen leben. Aber sie alle wissen, dass sie eigentlich keine falsche Aussage machen sollen. Und weil sie das erkennen, könnten sie auch danach handeln. Sie könnten standhaft bleiben und sich dem Fürsten widersetzen, zumindest theoretisch. Denn sie wissen: Sie sollen kein Unrecht tun.

Wer ist schuld?

Tom ist 26. Er steht vor Gericht, weil er ein Mädchen schlimm verprügelt hat. Tom ist nicht zum ersten Mal hier. Er hat schon als Jugendlicher Autos geknackt und gestohlen. Im Viertel ist er bekannt für seine Straftaten.

Tom ist bei seiner Mutter aufgewachsen. Seinen Vater kennt er nicht. Seine Mutter trinkt viel zu viel Alkohol. Sie ist oft aggressiv und schreit herum. Sie konnte nicht gut für Tom sorgen. Bei der Gerichtsverhandlung sagt Toms Verteidiger deshalb: „Tom soll nicht allzu hart bestraft werden. Denn er hatte ein schlechtes Elternhaus." Damit meint er: Tom ist nicht zufällig so, wie er ist. Seine Eltern haben ihn vernachlässigt. Deshalb konnte er sich nicht gut entwickeln.

Der Staatsanwalt ist anderer Meinung. Er sagt: „Tom hatte zwar eine schwere Kindheit. Aber jetzt ist er kein Kind mehr. Irgendwann ist jeder selbst für sein Handeln verantwortlich. Seine Mutter hat zwar nicht gut für ihn gesorgt. Aber sie ist nicht schuld daran, dass Tom das Mädchen verprügelt hat."

Was denkst du: Ist Tom schuldig? Ist er für sein Handeln verantwortlich? Hätte er das Mädchen auch in Ruhe lassen können?

Freiheit für das Gute

Ein wirklich guter Mensch bringt es nicht übers Herz, gemein zu sein. Natürlich hat er die Möglichkeit dazu. Aber er kann es einfach nicht. Ist er frei oder nicht?

Augustinus war ein gelehrter Bischof, der vor 1600 Jahren lebte. Seine Antwort auf diese Frage lautet: Die Freiheit, die sich für das Böse entscheidet, verdient den Namen Freiheit gar nicht. Wirklich frei zu sein bedeutet, das Gute tun und sich aus vollem Herzen für das Richtige entscheiden zu können. Wenn der Mensch das tut, steht er mit der Ordnung der Welt in Einklang. Er tut das Gute, zu dem Gott ihn bestimmt hat. Für jemanden, der sein Leben auf das Gute ausrichtet, ist das Böse gar nicht besonders spannend. Er fühlt sich vielmehr vom Guten angezogen. Augustinus meinte: Unsere Freiheit ist dann am größten, wenn das Böse keine Macht über uns hat: wenn wir es uninteressant finden und uns gern und geradezu selbstverständlich für das Gute entscheiden.

Gebeugte Knie und leere Hände

Alfred Delp war ein Priester, der von den Nazis zum Tod verurteilt wurde. Im Januar 1945 wurde er hingerichtet. Ein halbes Jahr vorher wurde er verhaftet und eingesperrt. Er war der Ansicht, dass der Mensch Freiheit braucht und dass er im Gefängnis verkümmert.

Aber Freiheit bedeutete für ihn mehr, als nicht eingesperrt zu sein. Pater Delp meinte: Freiheit hat ihren Ort im Herzen des Menschen. Sie wird geboren in der Begegnung mit Gott. Denn hier spürt der Mensch, wer er ist und was Freiheit bedeutet: Er soll über sich hinauswachsen und seinem Leben eine Richtung geben. Er sucht das Höchste und braucht es auch.

Die heiligen drei Könige sind für ihn ein besonders gutes Beispiel dafür. Sie haben sich auf die Suche nach Gott gemacht und ihr Herz für ihn geöffnet. Sie haben alles hinter sich gelassen und sind dem Stern gefolgt, der sie zu Jesus Christus führte. Im Kind in der Krippe haben sie den Sohn Gottes gefunden und angebetet.

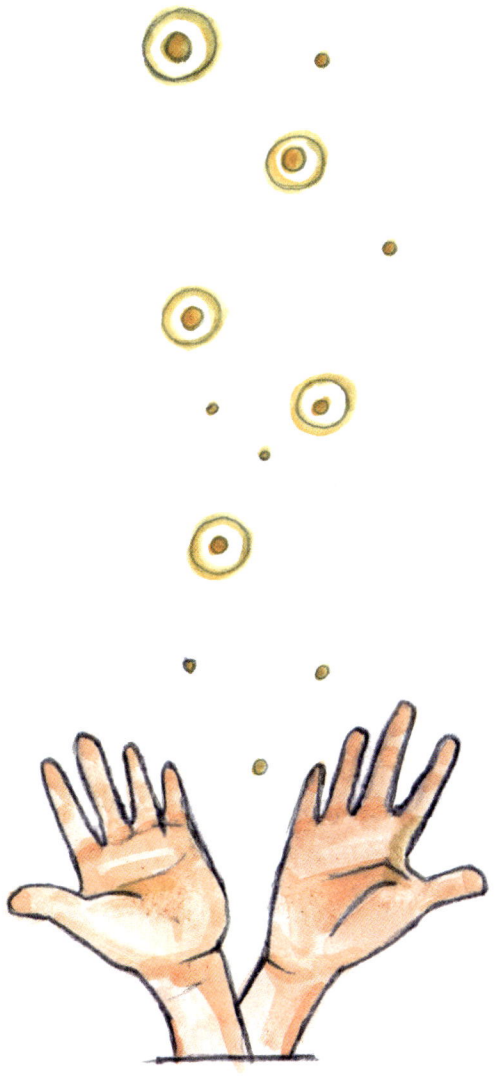

Im Gefängnis schreibt Delp in sein Tagebuch: „Das gebeugte Knie und die hingehaltenen leeren Hände sind die beiden Urgebärden des freien Menschen."

Damit meinte er: Nichts auf dieser Welt kann den Menschen wirklich erfüllen, denn es ist alles zu klein für die Sehnsucht seiner Freiheit nach dem Höchsten. Der Mensch wird erst da wirklich frei, wo er sich Gott öffnet, ihn anbetet und ihm seine leeren Hände hinhält. Denn Gott allein schenkt wahre Freiheit und wahre Freude. In der Begegnung mit Gott ist der Mensch wirklich Mensch.

Wie mach' ich's richtig?

Thomas von Aquin war ein gelehrter Dominikanermönch. Er hat vor ungefähr 800 Jahren gesagt: „Das Gute soll man tun, das Böse soll man meiden."

Wenn das nur immer so einfach wäre! Denn wie findet man heraus, was richtig ist? An welche Regel soll man sich halten? Und woran erkennt man, ob eine Regel gut oder schlecht ist?

Regeln und Gesetze

In der Schule gibt es eine Schulordnung. Im Jugendheim gelten bestimmte Regeln. In jedem Land gibt es Gesetze. Sie bilden die Spielregeln unseres Zusammenlebens. Es ist gut, dass es sie gibt. Denn es würde ein großes Durcheinander geben, wenn man jeden Tag und mit jedem Menschen neu überlegen müsste, was erlaubt ist und was nicht. Außerdem geht es fair zu: Die Regeln im Jugendheim gelten für jeden, der sich dort aufhält. Die Gesetze im Staat werden im Parlament beraten und beschlossen. Hier können sie auch verändert werden, wenn sich zeigt, dass sie nicht mehr passend sind oder dass etwas ergänzt werden muss. Sie gelten für alle Bürger, egal, ob sie arm sind oder reich. Jeder muss sich an sie halten, sonst wird er bestraft.

Viele Regeln sind von Land zu Land unterschiedlich. Zum Beispiel darf man in Frankreich auf der Autobahn nicht schneller als 130 km pro Stunde fahren. Auf der Insel Zypern darf man höchstens 110 km pro Stunde fahren. Diese Regeln gelten für alle, unabhängig davon, aus welchem Land sie kommen. Wenn ein Franzose auf Zypern Urlaub macht, darf er dort höchstens 110 km pro Stunde fahren, auch wenn er es gewohnt ist, bei sich zu Hause schneller zu fahren.

Wenn das alle machen würden!

Der Philosoph Immanuel Kant hat vor ungefähr 200 Jahren eine Regel formuliert, mit der man herausfinden kann, ob das, was man tun möchte, richtig ist. Diese Regel klingt ziemlich schwierig, vor allem deswegen, weil Kant so viele komplizierte Wörter benutzt. Was er meint, kennst du aber bestimmt. Denn sicher hast du diesen Satz schon einmal gehört: „Wenn das alle machen würden!" Wahrscheinlich ging es um etwas, das du nicht tun solltest. Vielleicht hast du ein Kaugummi-Papier nicht in den Mülleimer geworfen, sondern einfach fallen gelassen. Oder du hast die Schultür mit dem Fuß aufgemacht. Was wäre, wenn das alle machen würden? Die Straßen wären voller Kaugummi-Papiere und die Türen in der Schule wären vermutlich fast alle kaputt.

Kant meinte: Eine Handlung ist dann richtig, wenn man nach gründlicher Überlegung sagen kann: „Ja, es wäre gut, wenn jeder andere Mensch in einer ähnlichen Situation so handeln würde wie ich. Der Maßstab, an dem ich mein Handeln ausrichte, könnte für alle gelten." Es wäre zum Beispiel richtig, wenn alle, die Abfall loswerden wollen, sich auf die Suche nach einem Mülleimer machten.

Der Vorteil von Kants Regel liegt auf der Hand: Der Maßstab ist allgemein. Jeder kann ihn einsehen. Was für alle gilt, gilt natürlich auch für mich. Der Nachteil ist: Bei dieser Regel schaue ich wie ein Fremder auf mich selbst. Warum soll ich einer Regel folgen, die nicht in meinem Herzen verwurzelt ist?

Klugheit, Gerechtigkeit, Tapferkeit, Maß

Die Philosophen der Antike und des Mittelalters kannten uns Menschen gut. Sie wussten, dass wir nicht einfach vor uns hin leben dürfen, sondern dass wir unser Leben gestalten und unseren Charakter bilden müssen – ein Leben lang. Wir müssen lernen und nachdenken und das immer wieder üben, damit es uns gut gelingt und damit wir kluge und gerechte Entscheidungen treffen.

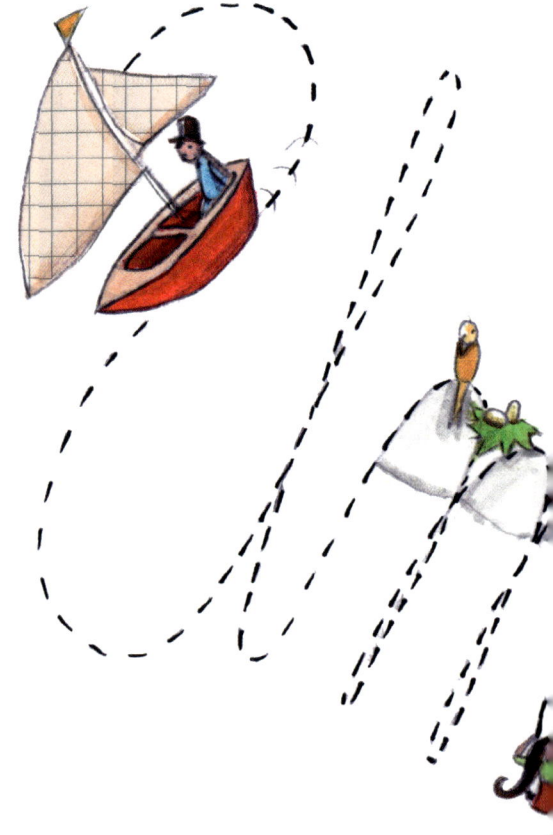

Auch unseren Gefühlen sollten wir nicht freien Lauf lassen. Denn extreme Eigenschaften beherrschen uns, statt dass wir sie in Dienst nehmen. Wenn das aber gelingt, kann das Gute, das in diesen Gefühlen steckt, zur Geltung kommen, und das Extreme ist gebändigt. Wer zum Beispiel dazu neigt, schnell wütend zu werden, sollte versuchen, dieses Gefühl zu mäßigen. Zugleich ist seine Wut vielleicht ein Zeichen dafür, dass er sehr feinfühlig für Ungerechtigkeit ist. Diese gute Seite seiner Wut sollte er natürlich bewahren. Wer eher ängstlich oder schüchtern ist, sollte daran arbeiten, seine Furcht zu überwinden. Allerdings sollte er auch nicht ins Gegenteil verfallen. Etwas Vorsicht ist wichtig. Immer gilt es, ein gutes Maß zu finden.

Dazu helfen diese vier Haltungen: Klugheit, Gerechtigkeit, Tapferkeit und Maß. Man nennt sie Tugenden. Mit ihnen richten wir Verstand, Herz und Charakter auf das Gute aus, damit unser Leben gelingt. So kommen weder die Menschen in unserer Umgebung zu kurz noch wir selbst.

Der Bischof Augustinus lebte vor 1600 Jahren. Er unterschied zwischen solchen Dingen, die bloße Mittel sind, die man für etwas anderes einsetzt, und denen, die selbst ein Ziel sind. Er sagte: Auf unserem Lebensweg ist es wichtig, dass wir die Mittel für ein Ziel benutzen, aber nicht überbewerten. Nur ein echtes Ziel ist es wert, dass man es genießt. Sein Rat war: Denk gut darüber nach, ob das, was du tun willst, selbst das Ziel deines Lebens ist oder nur ein Mittel auf dem Weg dorthin! Wenn es nur ein Mittel ist: Verlier nicht dein Herz daran!

Er gab ein Beispiel, das für unsere Lebensreise steht: Ein Mann lebt in der Fremde. Er hat großes Heimweh. Das Ziel seines Lebens ist es, heimzukehren. Wie stellt er es an? Er braucht einen Wagen oder ein Schiff für die Reise. Es wäre gut, wenn er jemanden fände, der mit ihm reist. Und er braucht Geld, um die Reise zu bezahlen.

Augustinus meinte: Es kann passieren, dass der Mann eines Tages Mittel und Ziel verwechselt. Obwohl er längst genug Geld für die Reise gespart hat, sammelt er weiter. Viel Geld zu besitzen wird ihm wichtiger, als nach Hause zu fahren. Das Geld, das dazu dienen sollte, seine Heimat zu erreichen, wird selbst zum Ziel. Er wird gierig und geizig. Oder er genießt es so sehr, auf dem Meer zu sein, dass er extra viele Umwege fährt. Darüber verliert er sein Ziel aus den Augen. Er vergisst seine eigentliche Heimat und treibt ruhelos von einem Ort zum nächsten.

Hin- und hergerissen

Stell dir einmal folgende Situation vor: Du bist auf dem Weg zu einer Freundin. Ihr wollt ins Kino gehen. Es ist halb fünf. Der Film beginnt um fünf Uhr. Vor dir geht eine Frau mit einem kleinen Jungen an der Hand. Plötzlich stolpert sie und fällt. Sie hat große Schmerzen. Ihr Knöchel wird dick, und sie kann nicht mehr aufstehen. Sie braucht Hilfe: Ein Arzt muss kommen. Vielleicht muss sie ins Krankenhaus. Jemand muss sich um den Jungen kümmern. Er könnte weglaufen oder Angst bekommen. Außer dir ist niemand zu sehen. Was ist zu tun?

Wenn du der Frau hilfst, wirst du es wahrscheinlich nicht mehr pünktlich ins Kino schaffen. Den Film bekommst du nicht mehr zu sehen, denn er läuft heute zum letzten Mal. Ohne Handy kannst du deiner Freundin nicht einmal Bescheid sagen. Sie ist sicher enttäuscht. Sie wartet ja auf dich. Aber einfach weiterlaufen geht auch nicht. Die Frau braucht eindeutig Hilfe. Du bist hin- und hergerissen zwischen deinem Wunsch, ins Kino zu gehen und deine Freundin nicht zu versetzen und der Gewissheit, dass du hier gebraucht wirst.

Ob du nun hilfst oder weitergehst: Dein Gewissen hat dir gesagt, was richtig gewesen wäre. Dein Gewissensurteil war eindeutig: Die Frau ist wichtiger als der Kinofilm.

Wie funktioniert das Gewissen?

Thomas von Aquin hat vor ungefähr 800 Jahren darüber nachgedacht, wie unser Gewissen arbeitet. Er meinte: Es gibt zwei Ebenen im Gewissen. Wir Menschen haben alle eine Vorstellung von Gut und Böse. Wir können zwischen Gut und Böse unterscheiden und allgemeine Maßstäbe einsehen. In einer konkreten Situation geht es aber nicht nur um Gut und Böse im Allgemeinen. Sondern hier müssen wir die allgemeinen Regeln auf eine bestimmte Frage anwenden. Das ist die andere Ebene. Wir müssen ein Urteil darüber fällen, was hier und jetzt zu tun ist. Diesem Urteil müssen wir in unserem Handeln folgen. Allerdings kann unser Gewissensurteil falsch sein. Thomas sagte: Es kann sein, dass wir unser Wissen von Gut und Böse nicht gut gebildet haben. Oder dass wir dieses Wissen und die Situation falsch kombiniert oder die Situation falsch eingeschätzt haben.

Um gute Entscheidungen treffen zu können, muss man beide Ebenen des Gewissens trainieren: Es ist wichtig, immer wieder über Gut und Böse nachzudenken. Und wenn eine Entscheidung ansteht, sollte man die Umstände einer Situation möglichst genau kennen. Meistens lohnt es sich, sie aus verschiedenen Blickwinkeln anzuschauen und sich mit einem guten Freund zu beraten. In manchen Fällen kann man die Eltern um Rat fragen oder einen Spezialisten um Hilfe bitten. Oft muss man verschiedene Argumente abwägen. Denn die Welt, in der wir leben, ist kompliziert geworden.

Reicht die gute Absicht?

Um herauszufinden, ob eine Handlung gut ist, kann man verschiedene Blickwinkel einnehmen. Manche sagen: Das Wichtigste ist das Ergebnis. Eine Handlung ist dann gut, wenn das Ergebnis stimmt. Andere meinen: Nein, das Wichtigste ist, dass die Absicht stimmt. Das, was jemand bezweckt, zählt – nicht, ob es auch gelingt. Was denkst du?

Konrad und der Blumentopf

Konrad hat sich einen Besen geholt und die Treppe zur Haustür gefegt. Dabei ist er ausgerutscht und hat mit dem Besen einen Blumentopf umgeworfen. Der ist jetzt kaputt. Und die Treppe ist voller Blumenerde.

War es gut, dass Konrad die Treppe gefegt hat? Er selbst ärgert sich. Er denkt: „Na, das ist ja total schiefgegangen. Nun ist die Treppe dreckiger als vorher, und der Blumentopf ist auch noch kaputt." Seine Mutter merkt, welche dunklen Gedanken in Konrads Kopf herumspuken. Sie sagt: „Mach dir nichts draus. Ich freue mich trotzdem, dass du mir helfen wolltest. Du hast es ja gut gemeint. Das ist für mich das Wichtigste."

Konrad schaut auf das Ergebnis. Seine Mutter sieht seine gute Absicht. Was meinst du? War es gut, dass Konrad die Treppe gefegt hat? Ist das Ergebnis wichtiger als die gute Absicht?

Für einen guten Zweck

Viele Menschen spenden Geld für einen guten Zweck. Zum Beispiel für ein Trinkwasserprojekt in einem armen Land. Oder für die Unterstützung von Jugendlichen hier bei uns in Deutschland. Sie geben Geld, damit ein gutes Ziel erreicht wird: damit mehr Menschen sauberes Wasser haben oder damit Jugendliche, die aus schwierigen Verhältnissen kommen, lernen, fair miteinander umzugehen.

Ein Zweck ist ein Ziel, das man mit einer Handlung erreichen möchte. Um es zu erreichen, braucht man Mittel: Wer etwas spenden möchte, braucht Geld. Wer einen Brunnen bauen möchte, braucht einen Plan, einen Bagger, Baumaterial, kräftige Arme und am besten noch ein paar andere Menschen, die ihm beim Bauen helfen. Wer Jugendliche beraten möchte, braucht Menschen, die sich für sie einsetzen, und Räume, in denen sie miteinander sprechen können.

Risiken und Nebenwirkungen

Wer hustet, hat normalerweise ein klares Ziel: Er will nicht mehr husten. Er will gesund werden. Dazu setzt er verschiedene Mittel ein: Er wickelt sich einen Schal um den Hals, trinkt heißen Tee, geht früher schlafen als sonst und schluckt manchmal auch einen Löffel Hustensaft. Schal, Tee, Schlaf und Hustensaft sind Mittel dafür, dass der Husten weggeht und der Kranke gesund wird.

Gesund zu werden, ist ein gutes Ziel. Ist deshalb auch alles gut, was man dafür tut? Wenn im Fernsehen für Hustensaft Werbung gemacht wird, endet sie meistens mit dem Satz: Zu Risiken und Nebenwirkungen fragen Sie Ihren Arzt oder Apotheker. Damit ist gemeint: Der Hustensaft ist zwar ein Mittel für ein gutes Ziel. Aber er hat nicht nur gute Wirkungen, sondern auch schlechte. Zumindest einige Patienten werden sehr müde oder bekommen Kopfschmerzen, wenn sie den Saft schlucken. Wer Hustensaft nimmt, muss also gut überlegen, ob er dieses Risiko in Kauf nehmen möchte. Der Arzt hilft ihm dabei, abzuwägen: Ist es besser, schnell gesund zu werden, aber als mögliche Folge einen Tag Kopfweh zu riskieren? Oder ist es besser, länger zu husten, aber kein Kopfweh zu bekommen?

Darf man der Oma mit geklauten Kirschen eine Freude machen?

Manchmal ist etwas gut gemeint, aber trotzdem ist die Handlung nicht so richtig gut. Die Absicht stimmt. Das Ergebnis ist auch in Ordnung. Aber das Mittel ist schlecht. Oder es treten unbeabsichtigte Folgen auf, die nicht gut sind.

Du möchtest zum Beispiel deiner Oma eine Freude machen und sie besuchen. Um dieses Ziel zu erreichen, musst du dein Fahrrad aus der Garage holen und hinradeln. Das Fahrrad steht bereit, und die Oma freut sich auf deinen Besuch. Fahrradfahren ist weder gut noch schlecht, zumindest wenn du dabei einen Helm aufsetzt. Bei diesem Mittel gibt es also kein Problem. In einem Garten am Weg steht ein Kirschbaum voller Kirschen. Kirschen isst die Oma für ihr Leben gern. Darfst du Kirschen klauen, um sie der Oma mitzubringen? Immerhin willst du ihr ja eine Freude machen. Deine Absicht ist gut. Aber ist auch das Mittel gut?

Möglicherweise ist der Besuch bei der Oma auch so schön, dass du die Zeit vergisst und die Klavierstunde verpasst. Du hast die Oma natürlich nicht besucht, um absichtlich den Klavierunterricht zu schwänzen. Aber dein Besuch hatte unbeabsichtigt diese Folge. Dabei hätte ein Blick auf die Uhr gereicht, um noch pünktlich zum Unterricht zu kommen. War der Besuch trotzdem gut?

Darf jemand Kohlen klauen, der sonst erfrieren würde?

Der Winter 1946 war bitter kalt. Der Krieg war noch nicht lange vorbei. Die Menschen hungerten. Viele froren. Die Kohle-Bergwerke waren zwar schon wieder in Betrieb, Kohle zum Heizen gab es also. Aber die meisten Menschen hatten kein Geld, um sie zu kaufen. Sie sammelten deshalb die Kohlen auf, die von Zügen oder Lastwagen fielen. Einige gingen weiter: Sie kletterten auf die Züge und nahmen sich einfach so viel Kohle, wie sie brauchten. Durften sie das?

Der Kölner Kardinal Joseph Frings hat in seiner Silvesterpredigt über dieses Thema gesprochen. Er war der Ansicht, dass es in Zeiten der Not ausnahmsweise nicht verboten sei, Kohle für den eigenen Bedarf zu stehlen. Zumindest wenn man sonst erfrieren würde. Daraus entstand ein eigenes Wort. Die Menschen in Köln nannten den Kohlenklau nun nach ihrem Kardinal: fringsen. Allerdings haben nicht alle die ganze Predigt berücksichtigt. Kardinal Frings hat nämlich nicht einfach gesagt: „Kohlen zu klauen ist in Notzeiten ausnahmsweise in Ordnung." Sondern er hat auch gesagt: „Viele übertreiben: Sie nehmen mehr, als sie zum Überleben unbedingt brauchen. Sie müssen zurückgeben, was sie zu Unrecht gestohlen haben."

Wie viel wiegt ein Menschenleben?

Ein neugeborener Säugling wiegt etwa 3 Kilogramm. Ein erwachsener Mann wiegt ungefähr 75 Kilogramm, je nachdem, wie groß und wie dick er ist.

Die Frage, wie viel ein Menschenleben wiegt, kann aber noch etwas anderes bedeuten: Ist das Leben eines Säuglings weniger wert als das eines erwachsenen Mannes? Ist das Leben eines Kindes, das noch viele Jahre vor sich hat, wertvoller als das einer alten Frau? Zählt ein Reicher mehr als ein Armer? Sind 10 Personen wichtiger als ein Einziger? Ändert sich die Antwort, wenn der eine ein guter Mensch ist und die 10 anderen böse sind?

Sind alle Menschen gleich?

Natürlich nicht! Oder kennst du zwei Menschen, die genau gleich sind? Alle Menschen unterscheiden sich, sogar Zwillinge. Es gibt Frauen und Männer, Jungen und Mädchen. Manche sind groß, andere klein, einige dick, andere dünn. Die einen sind alt, die anderen jung, und die meisten sind irgendetwas dazwischen. Es gibt nette und unfreundliche, stolze und schüchterne Menschen, Einzelgänger und solche, die gern mit anderen zusammen sind. Manche sind sportlich, andere musikalisch, wieder andere lesen oder malen gern. Die Liste der Unterschiede zwischen den Menschen ist endlos. Denn jeder ist etwas Besonderes, jeder Einzelne ist kostbar und wertvoll.

An dieser Stelle bekommt unsere Frage allerdings eine andere Bedeutung und dadurch auch eine andere Antwort: Jeder ist einmalig, jeder Einzelne ist kostbar. Jeden von uns gibt es nur einmal. Jeder ist

eine unverwechselbare Person. Genau in dieser Einmaligkeit aber
sind alle Menschen gleich!

Gleiche Rechte für alle Menschen

Menschenrechte sind Rechte, die jeder Mensch hat, und
zwar allein deshalb, weil er ein Menschenkind ist. Sie
gelten vom Beginn seiner Existenz an bis zu seinem Tod, in Gesundheit und Krankheit, im
Wachen und Schlafen. Jeder Mensch hat sie,
unabhängig davon, ob er reich ist oder arm,
alt oder jung, klug oder dumm, krank oder
gesund, gemein oder freundlich. Es ist
auch egal, aus welchem Land er kommt,
welche Religion er hat und ob es sich
um einen Mann oder eine Frau, einen
Jungen oder ein Mädchen handelt.
Sie schützen seine Einmaligkeit und
seinen Platz in der Gemeinschaft der
Menschen.

Wenige Jahre nach einem der
schlimmsten Kriege überhaupt, am
10. Dezember 1948, haben die Verein-
ten Nationen die Erklärung der Menschenrechte formuliert. Damit haben sie
deutlich gemacht, dass es bei allem Streit
zwischen den Ländern und Nationen einen
gemeinsamen Maßstab gibt, an den sich alle
halten müssen: die Würde jedes einzelnen Menschen. Im Mittelpunkt aller Gesetze und Regeln
muss der Mensch stehen – nicht die Technik, nicht Geld
oder Macht. Dieser Maßstab ist die Grundlage für Freiheit,
Gerechtigkeit, Frieden und die Gemeinschaft der Völker. Er gilt immer und überall, und zwar unabhängig davon, ob alle diesem Maßstab zustimmen. Die Menschenrechte können nämlich nicht durch
Menschen außer Kraft gesetzt werden. Sie stehen über uns Menschen. Man kann sie verletzen, aber nicht aufheben.

Aus der Allgemeinen Erklärung der Menschenrechte

Alle Menschen sind frei und gleich an Würde und Rechten geboren.

Sie sind mit Vernunft und Gewissen begabt und sollen einander im Geiste der Brüderlichkeit begegnen.

Jeder hat Anspruch auf alle in dieser Erklärung verkündeten Rechte und Freiheiten, ohne irgendeinen Unterschied, etwa nach Rasse, Hautfarbe, Geschlecht, Sprache, Religion, politischer oder sonstiger Anschauung, nationaler oder sozialer Herkunft, Vermögen, Geburt oder sonstigem Stand ...

Jeder hat das Recht auf Leben, Freiheit und Sicherheit der Person ...

Sklaverei und Sklavenhandel ... sind verboten.

Niemand darf der Folter oder grausamer, unmenschlicher oder erniedrigender Behandlung oder Strafe unterworfen werden ...

Die Familie ist die natürliche Grundeinheit der Gesellschaft und hat Anspruch auf Schutz durch Gesellschaft und Staat ...

Jeder hat das Recht auf Gedanken-, Gewissens- und Religionsfreiheit ...

Jeder hat das Recht auf Meinungsfreiheit und freie Meinungsäußerung ...

Jeder hat das Recht auf Bildung ...

Jeder hat Pflichten gegenüber der Gemeinschaft ...

Immanuel Kant war kein Politiker, der Gesetze macht oder Rechte aufschreibt. Er war ein Philosoph. Vor ungefähr 200 Jahren hat er darüber nachgedacht, wie wir mit anderen Menschen umgehen sollen. Er sagte:

> Handle so,
> dass du die Menschheit sowohl in deiner Person
> als auch in der Person eines jeden anderen
> jederzeit zugleich als Zweck,
> niemals bloß als Mittel brauchst.

Wie immer bei Kant klingt das ziemlich kompliziert. Aber Zwecke und Mittel kennst du ja schon. Ein Mittel braucht man, *damit* man etwas anderes, nämlich einen Zweck, erreicht. Kant meinte: Ein Mensch ist immer mehr als bloß ein Mittel. Es ist nicht richtig, ihn nur deswegen zu beachten, *damit* er uns zu etwas nutze ist: also zum Beispiel nur deshalb nett zu deiner Mitschülerin Carla zu sein, *damit* sie dich abschreiben lässt. Sie ist schließlich ein Mensch und kein Hausaufgaben-Automat.

Das ist der Unterschied zwischen Menschen und Sachen: Sachen kann man benutzen. Wenn sie nicht mehr funktionieren und nicht mehr zu reparieren sind, darf man sie wegwerfen. Ein Mensch ist aber immer mehr als eine Sache. Es ist gut, dass er da ist, ganz unabhängig davon, ob andere einen Vorteil davon haben. Das gilt natürlich auch für deine kluge Mitschülerin. Es würde sie zu Recht sehr kränken, wenn du nur auf ihre Hausaufgaben schauen und sie selbst gar nicht beachten würdest. Denn es ist gut, dass sie da ist – einfach weil sie Carla ist. Es wäre auch gut, wenn sie nicht so klug wäre oder niemanden abschreiben ließe.

Augenblicke

Blicke können sprechen. Nicht so, dass unsere Ohren laut ausgesprochene Worte hören könnten. Aber manchmal spüren wir den Blick eines anderen und können in ihm lesen. Im Blick eines Freundes kann Wohlwollen und Vertrauen liegen. Im Blick eines Menschen, den wir enttäuscht haben, finden wir Trauer oder einen stillen Vorwurf.

Was geschieht, wenn uns der Blick eines anderen Menschen trifft?

Der jüdische Philosoph Emmanuel Levinas starb 1995. Er las im Blick des Anderen die unausgesprochenen Worte: „Du wirst mich nicht töten!" Er verstand: Dieser Blick gilt ohne Wenn und Aber. Und zwar nicht, weil wir in unserem eigenen Kopf über den Menschen im Allgemeinen nachgedacht haben und zu dem Schluss gekommen sind, dass man den Menschen im Allgemeinen nicht töten darf. Dann wäre unser Gegenüber nur ein Beispiel in einer Theorie in unserem Kopf.

Levinas meinte: Nicht unser Kopf und seine Theorien zählen, sondern der Mensch, der leibhaftig vor uns steht. Sein Blick nimmt uns in Anspruch wie ein Hilfeschrei. Ihm können wir nicht ausweichen. Er ist uns anvertraut. Ausreden gelten nicht. Erst wenn wir vor ihm die Augen verschließen, wird es uns möglich, ihm etwas zuleide zu tun. Doch sobald wir seinen Blick auf uns spüren, sind wir gebunden. Wir können ihm nicht wehtun.

Levinas ging noch weiter. Er sagte: Nicht eine Theorie, sondern dieser echte Blick des anderen zeigt uns, dass wir wirklich Menschen sind und was das bedeutet: Wir sind verantwortlich für den anderen und dem Guten verpflichtet.

Wann beginnt der Mensch, ein Mensch zu sein? Bleibt er so lange Mensch, wie sein Körper lebt? Es ist wichtig, über solche Fragen nachzudenken. Denn wir schulden jeder menschlichen Person Schutz und Anerkennung.

Im Lauf der Geschichte gab es immer wieder Forscher, die gesagt haben: Als Person müsse nur der anerkannt werden, der weiß, wer er ist, der nachdenken und sprechen kann, der deutlich machen kann, dass er leben möchte. Auch heute denken einige so. Wenn sie Recht hätten, müsste man Leute, die schlafen, deren Verstand durcheinander ist, die im Koma liegen oder sterbenskrank sind, nicht achten und ihr Leben nicht schützen. Auch ein Säugling wäre aus diesem Blickwinkel noch keine echte Person. Erst wenn er selbstständig geworden ist und selbst nachdenken kann, würde aus ihm eine echte Person. Und ein Kind, das noch gar nicht auf der Welt ist, weil es sich noch im Bauch der Mutter entwickelt, hätte kein Recht darauf, geboren zu werden. Es wäre abhängig vom Wohlwollen seiner Eltern, besonders seiner Mutter, und der Gesellschaft. Sein Leben müsste nicht geschützt werden.

Was denkst du: Was stimmt nicht an dieser Einstellung?

Muss man etwas können, um als menschliche Person anerkannt zu werden? Dürfen andere darüber bestimmen, welcher Mensch als Person geachtet werden muss und welcher nicht? Kann man überhaupt denken, dass eine Person einmal keine Person war, sondern nur ein Körper, also eine Sache? Ist ein Menschenkind nicht vielmehr automatisch eine Person, also jemand, der eine Würde hat, der geachtet und geschützt werden muss, solange er lebt?

Muss man immer die Wahrheit sagen?

Der Kaiser von China

Ein Satz ist wahr, wenn stimmt, was gesagt wird. Ein Satz ist nicht wahr, wenn nicht stimmt, was gesagt wird. Wenn jemand absichtlich etwas sagt, was nicht stimmt, lügt er.

Wenn jemand sagt: „Ich bin der Kaiser von China", dann stimmt das genau dann, wenn der, der spricht, wirklich der Kaiser von China ist. Allerdings gibt es in China schon lange keine Kaiser mehr. Deshalb ist der Satz „Ich bin der Kaiser von China" ganz bestimmt falsch, egal, wer ihn spricht. Wenn er nicht gerade in einem Theaterstück oder im Spiel gesagt wird, ist dieser Satz nicht nur nicht wahr, sondern gelogen.

Aber was ist stärker, die Wahrheit oder die Lüge? Du kannst es herausfinden, indem du über folgende Frage nachdenkst: Könnte man auch dann lügen, wenn es keine Wahrheit gäbe, wenn nichts stimmen würde? Wäre eine Lüge auch dann noch eine Lüge, wenn niemand die Wahrheit sagen würde? Oder braucht die Lüge die Wahrheit? Funktioniert sie nur, wenn normalerweise alle die Wahrheit sagen? Dann ist sie schwächer als die Wahrheit.

Wer einmal lügt, dem glaubt man nicht…

Eva hat dienstags lange Schule. Ausgerechnet das Fach, das sie am wenigsten leiden kann, liegt in der 7. Stunde: Erdkunde. Sie geht nach der 6. Stunde zum Lehrerzimmer und fragt: „Darf ich nach Hause fahren? Ich habe solche Kopfschmerzen." Die Erdkunde-Lehrerin glaubt ihr und lässt sie gehen.

Eigentlich hat Eva aber gar keine Kopfschmerzen. Sie hat gelogen. Sie wollte bloß Erdkunde schwänzen. Sie fährt auch nicht nach Hause, sondern geht in die Eisdiele.

Dort sieht sie der Französisch-Lehrer. Schnell ist die Lüge entdeckt. Das Gespräch mit der Erdkunde-Lehrerin ist ziemlich unangenehm.

Zwei Wochen später wird Eva in der großen Pause übel. Sie muss sich übergeben. Es geht ihr richtig schlecht. Sie geht zum Lehrerzimmer und sagt: „Darf ich nach Hause fahren? Mir ist so schlecht."

Werden die Lehrer ihr glauben?

Was meinst du?

Wer lügt, braucht ein gutes Gedächtnis

Stell dir einmal folgende Situation vor: Deine Mutter entdeckt, dass ihr 2 Euro fehlen. Sie fragt dich, ob du das Geld genommen hast. Leider trifft sie damit den Nagel auf den Kopf, denn du hast die 2 Euro am Tag vorher stibitzt. Was tust du? Vermutlich wirst du versuchen, dich rauszureden. Du sagst: „Nein, ich habe das Geld nicht genommen!" Ganz ehrlich: Das war gelogen. Den Diebstahl zuzugeben, das Geld zurückzuzahlen und deine Mutter um Entschuldigung zu bitten – all das wäre richtig, aber auch schwieriger gewesen.

Meistens lügen wir, weil wir glauben, das sei einfacher, als die Wahrheit zu sagen. Dabei ist Lügen gar nicht einfach. Kleine Kinder können noch gar nicht lügen oder schummeln. Wer lügt, braucht ein gutes Gedächtnis. Er muss sich gut merken, was er wem wann gesagt hat. Vielleicht bemerkt deine Mutter, dass du plötzlich mehr Geld hast als vorher. Du brauchst eine neue Erklärung, z.B. dass du der Nachbarin im Garten geholfen hast und sie dir das Geld geschenkt hat. Außerdem brauchst du dreckige Gummistiefel von der Gartenarbeit und eine Idee, was ihr im Garten gemacht habt. Am Ende wird aus einer kleinen Lüge eine ganze Lügengeschichte. Ist das wirklich einfacher, als die Wahrheit zu sagen?

Wenn etwas wahr ist, ist es immer wahr

Gestern hat es in Hamburg geregnet. Du hast davon zum Glück nichts mitbekommen, weil du in München und nicht in Hamburg lebst. In München scheint seit einer Woche die Sonne. Aber heute hat deine Tante aus dem Norden angerufen und von ihrem Schnupfen berichtet, den sie bekommen hat, weil sie gestern so nass geworden ist. Von ihr weißt du, dass in Hamburg schlechtes Wetter war. Aber auch dann, wenn sie nicht angerufen hätte, wäre es wahr, dass es gestern in Hamburg geregnet hat. Denn was wahr ist, ist immer wahr, egal, wer davon weiß oder erzählt. Es ist sogar dann wahr, wenn niemand davon erzählt und keiner davon weiß. Noch in 1000 Jahren, wenn sich niemand mehr an das gestrige Wetter in Hamburg erinnert, wird es wahr sein, dass es gestern – vor 1000 Jahren und einem Tag – in Hamburg geregnet hat.

Zeugen für die Wahrheit

Einen Menschen, der für den Glauben Gewalt, Folter und den Tod auf sich nimmt, nennt man Märtyrer. Dieses Wort kommt aus dem Griechischen und bedeutet „Zeuge". Gemeint ist: Im Leben und Sterben steht er für seinen Glauben ein. Ein Märtyrer wendet keine Gewalt an und sucht nicht den Tod. Doch wenn er nur um den Preis zu vermeiden ist, die Wahrheit zu verleugnen, nimmt er ihn an.

Am Portal der anglikanischen Kathedrale Westminster Abbey in London sind 10 steinerne Figuren angebracht. Sie stellen christliche Märtyrer aus unserer Zeit dar. Sie folgten Jesus Christus nach, der selbst den Tod auf sich nahm, um die Menschen zurück zu Gott zu führen. Unter ihnen ist der katholische Pater Maximilian Kolbe, der 1941 freiwillig starb, damit ein Familienvater die Ungerechtigkeit der

Nazis überleben konnte. Eine weitere Statue zeigt den Baptisten Martin Luther King, der in Amerika gewaltlos für die Rechte der Schwarzen kämpfte und 1968 erschossen wurde. Außerdem ist die orthodoxe Äbtissin Elisabeth Feodorovna zu sehen, die 1918 im russischen Bürgerkrieg ermordet wurde. Die Figur von Dietrich Bonhoeffer zeigt einen evangelischen Pfarrer, der 1945 von den Nazis erhängt wurde.

Muss man ein Versprechen halten?

Ein Versprechen ist etwas Besonderes. Tiere können nichts versprechen. Nur Personen können versprechen. Denn versprechen kann nur jemand, der sich an sein Wort erinnert und bereit ist, sich festzulegen. Wer etwas verspricht, legt sich fest, ohne Wenn und Aber. Der, dem man etwas versprochen hat, darf sich darauf verlassen, dass man sein Versprechen hält.

Wenn du zum Beispiel heute versprochen hast, nächsten Mittwoch mit dem Hund der Nachbarn spazieren zu gehen, hast du dich festgelegt. Deine Nachbarn verlassen sich auf dich. Sie haben dein Wort. Deshalb kannst du am Mittwoch nicht einfach schwimmen gehen, egal, wie schön das Wetter ist. Du kannst nicht sagen: „Ja, letzte Woche dachte ich noch, dass ich Mittwoch Zeit habe. Aber jetzt hat es sich eben anders ergeben. Ihr habt Pech gehabt. Ich habe mich umentschieden." Denn dein Versprechen bedeutete: „Ich werde für euren Hund sorgen, auch dann, wenn Mittwoch die Sonne scheint und es schön wäre, ins Schwimmbad zu gehen. Ihr könnt euch auf mich verlassen."

Was tun, wenn etwas schiefgegangen ist?

Wenn man etwas falsch gemacht hat, gibt es verschiedene Möglichkeiten. Eine davon ist sehr verbreitet, bei Erwachsenen genauso wie bei Kindern. Man streitet alles ab und sagt: „Das war ich nicht!" Das ist eine der schlechten Möglichkeiten.

> „Das habe ich getan",
> sagt mein Gedächtnis.
> „Das kann ich nicht getan haben",
> sagt mein Stolz
> und bleibt unerbittlich.
> Endlich – gibt das Gedächtnis nach.

Das hat der Philosoph Friedrich Nietzsche vor über 100 Jahren einmal geschrieben. Damit meinte er: Wir streiten nicht nur gegenüber anderen ab, schuld an etwas zu sein. Wir machen uns sogar selbst etwas vor. Wir sind oft so überzeugt davon, dass wir tolle Kerle sind, dass wir nur den anderen, nicht aber uns selbst etwas Schlechtes zutrauen.

Einsicht

> Ein Mensch beweist uns
> klipp und klar,
> dass er es eigentlich nicht war.
> Ein andrer Mensch mit Nachdruck spricht:
> Wer es auch sei – ich war es nicht!
> Ein dritter lässt uns etwas lesen,
> wo drinsteht, dass er's nicht gewesen.

Ein vierter weist es weit von sich:
Wie? sagt er, was? Am Ende ich?
Ein fünfter überzeugt uns scharf,
dass man an ihn nicht denken darf.
Ein sechster spielt den Ehrenmann,
der es nicht gewesen sein kann.
Ein siebter – kurz, wir sehen ein:

> Kein Mensch will es gewesen sein.
> Die Wahrheit ist in diesem Falle:
> Mehr oder minder warn wir's alle.
> *Eugen Roth*

So bin ich halt

Anton und Clementine streiten. Clementine beschimpft Anton und sagt sehr hässliche Dinge, die ihm wehtun. Einen Tag später treffen sie sich. Sie wollen sich wieder vertragen. Clementine sagt als Entschuldigung: „So bin ich halt. Ich werde einfach schnell wütend und sage dann Dinge, die ich nicht so meine. Das darfst du mir nicht übel nehmen."

Wie findest du ihre Entschuldigung?

Eigentlich ist es gar keine. Denn zu einer Entschuldigung gehört, dass man eingesteht, falsch gehandelt zu haben. Das tut Clementine nicht. Sie macht es sich ziemlich einfach. Sie meint: „Ich bin, wie ich bin. Damit muss Anton klarkommen. Wenn er das nicht schafft, hat er Pech gehabt." Auf den Gedanken, dass sie ihre Wut hätte bezwingen sollen, kommt sie gar nicht. Außerdem bestimmt sie, wie Anton reagieren muss: Er *darf* ihr ihre Wut nicht übel nehmen. Wieso eigentlich nicht? Hatte Clementine etwa ein Recht darauf, Anton wehzutun?

Verzeihung!

Clemens und Antonia streiten. Clemens beschimpft Antonia und sagt sehr hässliche Dinge, die ihr wehtun. Einen Tag später treffen sie sich. Sie wollen sich wieder vertragen. Clemens sagt als Entschuldigung: „Bitte entschuldige! Ich war gestern unausstehlich. Es war gemein, was ich zu dir gesagt habe. Es tut mir leid. Bleibst du trotzdem meine Freundin?"

Wie findest du seine Entschuldigung?

Der Philosoph Robert Spaemann erklärt: Es ist etwas Besonderes, dass wir Menschen anderen verzeihen und selbst um Verzeihung bitten können. Tiere können das nicht, denn sie können nicht über sich selbst nachdenken und wissen nicht, was Zeit ist. Wer um Verzeihung bittet, gesteht ein, dass er etwas falschgemacht hat. Er wünschte, er könnte es ungeschehen machen. Aber er weiß: Es geht nicht. Die Zeit lässt sich nicht zurückdrehen. Nun bittet er: „Denk nicht, dass ich so weitermache wie bisher! Ich will mich ändern. Glaub mir, dass ich nicht nur so bin, wie ich war! Meine Schuld ist nur ein Teil von mir. Ich habe auch ein gutes Herz."

Wer jemand anderem verzeiht, tut genau das, worum der andere bittet: Er legt ihn nicht auf seine Schuld fest und gibt ihm eine neue Chance. Er sagt: „Ja, es stimmt. Du hast mich verletzt. Aber ich glaube dir, dass es dir leid tut und dass du in Zukunft anders handeln willst. Ich kenne auch deine guten Seiten. Ich bleibe dein Freund."

Gläubige Menschen bitten natürlich auch um Verzeihung. Darüber hinaus tragen sie ihre Schuld vor Gott. Sie glauben: Gott kennt unsere Fehler und ist mit unseren Sorgen vertraut. Er weiß, dass wir sehr bedrückt sind, wenn wir etwas falsch gemacht haben. Er hat der Welt in Jesus Christus einen echten Neubeginn geschenkt. Er befreit von Schuld und Sünde. Er verzeiht denen, die zu ihm rufen.

In der Bibel der Juden und Christen gibt es ein berühmtes Gebet. Viele Menschen sprechen es, wenn sie schuldig geworden sind. Sie vertrauen auf Gott.

Gott, sei mir gnädig... !
Wasch meine Schuld von mir ab
und mach mich rein von meiner Sünde!
Denn ich erkenne meine bösen Taten,
meine Sünde steht mir immer vor Augen.
Gegen dich allein habe ich gesündigt,
ich habe getan, was dir missfällt. ...
Erschaffe mir, Gott, ein reines Herz
und gib mir einen neuen, beständigen Geist! ...
Mach mich wieder froh mit deinem Heil,
mit einem willigen Geist rüste mich aus! ...
Befrei mich von Schuld, Herr, du Gott meines Heiles,
dann wird meine Zunge jubeln über deine Gerechtigkeit.
Herr, öffne mir die Lippen
und mein Mund wird deinen Ruhm verkünden! ...
Aus der Bibel, Psalm 51,3–17

Muss Strafe sein?

Was bewirkt eine Strafe? Darüber gehen die Meinungen weit auseinander. Die einen sagen: Wer bestraft wird, spürt, dass er etwas falsch gemacht und andere verletzt hat. Er wird sich bessern. Andere, die ähnliche Taten planen, werden abgeschreckt.

Die anderen sagen: Wer bestraft wird, bessert sich nicht. Im Gegenteil. Die Strafe macht ihn wütend. Er wird immer schlimmer.

Was denkst du? Lässt sich die Frage mit einem einfachen Ja oder Nein beantworten? Worin unterscheidet sich eine Strafe, die ein Kind von seinen Eltern erhält, von der Strafe, die ein Erwachsener durch einen Richter bekommt?

Im Gesetz sind für bestimmte Taten ganz bestimmte Strafen vorgesehen. Wer zum Beispiel in die Wohnung einer alten Dame einbricht, sie in Angst und Schrecken versetzt, ihre Ersparnisse mitnimmt und später deswegen verhaftet wird, muss zur Strafe für einige Zeit ins Gefängnis. Dazu gibt es eine Gerichtsverhandlung. Hier wird genau geprüft, wie schwer seine Schuld wiegt und ob bewiesen werden kann, dass der Beschuldigte tatsächlich der Täter ist. Man klärt, welches Gesetz zu seiner Tat passt. Dieses Gesetz bestimmt den Rahmen seiner Strafe. Wenn der Richter das Urteil spricht, in dem die genaue Strafe festgelegt ist, muss er auch berücksichtigen, welche Umstände für oder gegen den Angeklagten sprechen. Auf diese Weise sorgt der Staat dafür, dass es gerecht zugeht. Überließe man die Strafe denen, die zu Schaden gekommen sind, herrschten bald Rache und Chaos.

Kennst du die drei Affen? Einer hält sich die Ohren zu, der nächste die Augen, der dritte den Mund. Der erste sagt: „Ich habe nichts gehört!" Der zweite: „Ich habe nichts gesehen!" Der dritte Affe bleibt stumm. Was hätten sie hören und sehen sollen? Was hätten sie sagen sollen?

Die drei Affen stehen für Menschen, die ihre Ohren und Augen verschließen und den Mund halten, wo sie eigentlich hinhören, hinschauen und den Mund aufmachen sollten: zum Beispiel wenn ein Junge einen anderen beschimpft oder auslacht. Die anderen Kinder, die achtlos weitergehen und so tun, als hätten sie nichts gehört, sind feige wie der Affe, der sich die Ohren zuhält. Der Affe, der sich die Augen zuhält, steht zum Beispiel für Erwachsene, die merken, dass ihr Sohn sich immer mehr zurückzieht, Stunden allein vor dem Computer verbringt und sich gar nicht mehr mit seinen Freunden verabredet. Oder die wissen, dass eine alte Frau aus der Nachbarschaft sehr unglücklich ist. Aber sie tun so, als würden sie nichts davon mitbekommen. Der dritte Affe steht für Menschen, die merken, dass etwas Unrecht ist, aber nicht den Mund aufmachen und sagen: „Nein, so geht das nicht. Das ist nicht gerecht."

Alle drei zeigen: Auch dann, wenn wir ein Unrecht nicht selbst ausgelöst haben, sondern nur beobachten, stellt sich die große Frage der Ethik, also die Frage: *Was soll ich tun?* Wir dürfen nicht wegschauen, gleichgültig und stumm bleiben. Wir sind gefragt, wenn in unserer Umgebung Unrecht geschieht.

Leben gläubige Menschen anders?

Hast du schon einmal ein Kind aus deiner Klasse zu Hause besucht, dessen Familie gläubig ist oder das eine andere Religion hat als du? Habt ihr euch darüber unterhalten, was das Besondere dieser Religion ist und ob sich das Leben deines Mitschülers von deinem unterscheidet?

Gläubige Menschen feiern bestimmte Feste und haben eigene Bräuche. Manche tragen eine besondere Kleidung. Viele haben in ihrer Wohnung Symbole ihres Glaubens. Sie beten zu verschiedenen Tageszeiten oder gehen einmal in der Woche in den Gottesdienst. Sie halten bestimmte Gebote ein. Diese Dinge sind relativ leicht zu erkennen.

Andere sind nicht sichtbar. Aber man kann über sie sprechen und nachdenken. Verändert der Glaube an Gott das eigene Leben? Was ändert sich? Gehen gläubige Menschen anders miteinander um? Welche Einstellung prägt ihr Leben? Was bedeutet es, eine Hoffnung zu haben?

10 Gebote

In der Bibel der Juden und Christen stehen 10 Gebote. Gott hat sie den Menschen geschenkt, damit ihr Leben gut geordnet ist. Unmittelbar vorher hat er sein Volk aus der Sklaverei befreit. Die 10 Gebote sind deshalb Wegweiser der Freiheit. Sie geben der menschlichen Liebe und Gerechtigkeit eine Ordnung und schützen das, was wir Menschen brauchen: Freiheit und Leben, Ehe und Eigentum, die Wahrhaftigkeit und die Beziehung zu Gott.

Diese Gebote lauten:
Du sollst keine anderen Götter verehren.

Du sollst den Namen Gottes heilig halten.
Du sollst den Tag des Herrn achten und würdigen.
Du sollst Vater und Mutter ehren.
Du sollst nicht töten.
Du sollst nicht die Ehe brechen.
Du sollst nicht stehlen.
Du sollst nicht lügen.
Du sollst nichts Böses denken.
Du sollst nicht neidisch sein.

Vieles von dem, was die 10 Gebote enthalten, findet sich in ähnlicher Weise auch in der Weisheit anderer Völker und Kulturen. Auch Menschen, die nicht gläubig sind, können dem Großteil der Gebote zustimmen: den Geboten, das Leben des anderen zu schützen, dem Ehepartner treu zu sein, das Eigentum des anderen zu achten und wahrhaftig zu sein.

Was unterscheidet einen Juden oder Christen, der sich an die Gebote hält, von dem, der nicht an Gott glaubt, aber dasselbe tut, weil er einsieht, dass es richtig ist? Handelt der Gläubige aus Gehorsam gegenüber Gott, der Ungläubige aber aus eigener Einsicht?

Auf diese Frage könnte ein gläubiger Mensch so antworten: „Es gibt für unsere Welt einen Maßstab, der größer ist als alle menschlichen Maßstäbe. Ich orientiere mich an Gottes Geboten, weil ich davon überzeugt bin, dass Gott nur Gutes für uns Menschen will. Gott hat mir auch meinen Verstand geschenkt: Ich kann einsehen, dass Seine Gebote richtig sind und uns helfen, ein gutes Leben zu führen. Mit meinem ganzen Leben will ich auf Seine Liebe antworten und mich für die Gerechtigkeit einsetzen. Mit Gott im Bunde kann unser Leben gelingen."

Raum für Schwache

Gläubige Christen sind nicht unbedingt besser als andere Menschen. Natürlich können sie auch unfreundlich, zornig, gemein oder dumm sein. Denn sie sind ja Menschen wie andere auch. Doch das, was ihr Herz bewegt, ist die Zusage Gottes an die ganze Welt und an jeden einzelnen Menschen: „Es ist gut, dass du da bist. Ich möchte, dass es dir gut geht. Du kannst dich immer auf mich verlassen." Nichts in der Welt bringt Gott von diesem Versprechen ab. Er hat uns sein

Wort gegeben. Derjenige, den diese Zusage Gottes einmal berührt hat, schaut anders auf die Welt, auf seine Mitmenschen, auf sein Leben. Er spürt, dass er darauf bauen kann, allem Kummer, allen Sorgen und aller Schuld zum Trotz. Diese Zuversicht prägt auch seinen Umgang mit den anderen Menschen. Er versteht, dass sie jedem Einzelnen gilt: dem Starken und Stolzen genauso wie dem, der schwach, einsam und niedergedrückt ist. Er versteht auch, dass er selbst dazu beitragen kann, dies deutlich zu machen.

Deshalb konnte der Schriftsteller Heinrich Böll vor fast 50 Jahren einmal sagen: „Ich möchte lieber in der schlechtesten christlichen Welt leben als in einer nicht christlichen, denn in einer christlichen Welt ist immer auch Raum für die Schwachen."

Der Apostel Paulus gibt eine Antwort auf die Frage, welche Lebenshaltung dem Willen Gottes am besten entspricht und wie man Jesus Christus nachfolgen kann. Er sagt: Die wichtigsten christlichen Haltungen sind Glaube, Hoffnung und Liebe.

Viele Gelehrte haben überlegt, welche dieser drei Tugenden die erste ist und ob eine aus der anderen folgt. Auch der französische Schriftsteller Charles Péguy hat vor über 100 Jahren darüber nachgedacht. Er erzählt eine Geschichte:

Was mich erstaunt, spricht Gott, ist die Hoffnung…
Dieses kleine Mädchen Hoffnung.
Die Unsterbliche…
Um nicht zu glauben, mein Kind,
müsste man Augen und Ohren verschließen.
Um nicht zu sehen, nicht zu glauben.
Um seinen Nächsten nicht zu lieben, mein Kind,
müsste man Augen und Ohren verschließen.
Vor so vielen Augen der Not.
Doch die Hoffnung kommt nicht von selbst…
Um nicht zu hoffen, mein Kind,
muss man sehr glücklich sein;
man muss eine große Gnade… empfangen haben.
Glauben ist leicht, und nicht zu glauben wäre unmöglich.
Lieben ist leicht, und nicht zu lieben wäre unmöglich.
Doch das *Hoffen* ist schwer…
Und der natürliche Drang geht dahin zu verzweifeln…
Doch die kleine Hoffnung schreitet voran
zwischen ihren zwei großen Schwestern
und man hat nur nicht acht auf sie…
Und man glaubte gern, dass die beiden Großen es sind,
die die Kleine an der Hand mit sich fortziehen…
Die Blinden, sie sehen ja nicht,
dass im Gegenteil die Kleine inmitten
die großen Schwestern mit fortzieht.
Die ohne sie ja nichts wären.
Charles Péguy

In der Dürre des Herzens

Sophie Scholl war eine junge Frau, die mit 22 Jahren von den Nazis zum Tod verurteilt und hingerichtet wurde. Sie hat viel Bitteres erlebt und schrecklich unter der Ungerechtigkeit böser Menschen gelitten. Dennoch ist sie nicht verzweifelt. In einem Brief schrieb sie an ihren Verlobten, der als Soldat in Stalingrad in großer Not war: „Gegen die Dürre des Herzens hilft nur das Gebet."

Sie wusste, dass das Beten Einsamkeit und Trauer, Not und Sorge, Schuld und Kummer nicht einfach wegnimmt. Sie hat selbst erlebt, dass es oft schwierig ist zu beten und dass es nicht automatisch gelingt. Es kann Zeiten geben, in denen auch für den, der glaubt, Gott sehr fern und fremd ist. Aber Sophie hat trotzdem daran festgehalten. Sie hat die Erfahrung gemacht, dass das Gebet Kraft gibt, schwere Stunden zu bestehen. Sie spürte: Ohne den Kontakt zu Gott wird die Dürre unseres Herzens unerträglich.

In ihrem Gebet hat sie all ihren Dank, aber auch ihren Kummer vor Gott getragen. Sie wusste: Hoffnung, die sich auf Gott richtet, ist stärker als die Verzweiflung. Vertrauen auf Gottes Segen schenkt Kraft und Zuversicht. Schuld, die vor Gott getragen wird, findet Vergebung. Das eigene Leben steht unter Gottes gutem Rat und seiner schützenden Hand. Die Sorge um andere Menschen kann Gott anvertraut werden. Den Einsamen und Kranken ist Gott nah, und die Gestorbenen sind bei Ihm geborgen. Leid, Enttäuschung und Trauer, Krankheit und Tod haben nicht das letzte Wort.

Im Angesicht des Todes

Gläubige Menschen haben oft eine andere Einstellung zum Tod und deshalb auch zum Leben als Menschen, die nicht an Gott glauben. Sie sind davon überzeugt, dass mit dem Tod nicht alles aus ist: dass Gott die Toten zum Leben erwecken kann, dass bei Ihm wirklich Gerechtigkeit und Frieden herrschen. Ihr Glaube gibt ihnen die Kraft, schlimme Not, eine schwere Krankheit, das Sterben und sogar den Tod anzunehmen, ohne zu verzweifeln.

Gläubige Menschen sind auch davon überzeugt, dass es nicht egal ist, wie sie leben: dass sie eines Tages vor Gott Verantwortung für ihr Handeln übernehmen müssen. Das prägt ihr Leben: wichtige Entscheidungen, ihr Verhalten gegenüber anderen Menschen, ihren Einsatz für Gerechtigkeit und Frieden, die Art und Weise, wie sie Gott suchen. Sie wissen: Das Glück, das unsere Welt zu bieten hat, ist nicht alles. Geld und Macht, tolle Erlebnisse, Spiele, Spaß und Abwechslung können uns letztlich nicht zufriedenstellen. Sie versuchen herauszufinden, welchen Weg Gott für sie vorgesehen hat. Sie spüren: Dieser Weg ist gut für mich. Auf ihm kann mein Leben gelingen – auch dann, wenn ich nicht immer verstehe, warum etwas geschieht.

Und was wird aus mir?

Warum soll ich Hausaufgaben machen?

Jeden Tag in die Schule zu gehen kann ganz schön anstrengend sein. Hausaufgaben sind oft lästig. Auch das Training im Fußballverein macht nicht jede Woche Spaß. Und freiwillig jeden Tag Flöte zu üben, gelingt nur wenigen. Warum das Ganze?

Nicht festgelegt

Der Philosoph Arnold Gehlen hat vor etwa 70 Jahren darüber nachgedacht, was den Menschen vom Tier unterscheidet. Er meinte: Ein Tier kommt so auf die Welt, dass es in seiner Umgebung schon bald gut überleben kann. Es erwirbt sehr schnell alle Fähigkeiten, die es braucht, um Nahrung zu finden und sich vor seinen Feinden zu schützen. Allerdings ist es auf eine bestimmte Umgebung festgelegt. Ein Fisch kann nur im Wasser leben. Ein Elefant braucht bestimmte Pflanzen, die er fressen kann. Fehlen sie, stirbt er. Er kann sich nicht umstellen und zum Beispiel ab morgen Frösche jagen und fressen.

Beim Menschen ist das anders. Er kommt irgendwie unfertig auf die Welt. Ließe man ein kleines Kind allein im Wald, hätte es keine Chance zu überleben. Ein Menschenkind muss erst lernen, wie das Leben in seiner Umgebung gelingt. Es muss seine Fähigkeiten trainieren. Aber der Mensch hat einen großen Vorteil: Er ist nicht festgelegt, sondern kann alles Mögliche ausprobieren. Er kann in Afrika oder in Japan leben. Er kann schwimmen lernen oder als Pilot in der Luft herumfliegen. Er kann verschiedene Sprachen sprechen und sich ganz unterschiedlich ernähren. Er kann sogar Fußball *und* Flöte spielen, nur nicht gleichzeitig. Tausende Möglichkeiten stehen ihm offen. Allerdings muss er sich für einige dieser vielen Möglichkeiten entscheiden und sich anstrengen, damit sie gelingen. Von nichts kommt leider nichts. Und das heißt: Üben, üben, üben...

Aufeinander achten

Georg und Matthias sind Freunde. Freunde achten aufeinander. Matthias bemerkt zum Beispiel sofort, wenn Georg traurig ist. Und Georg unterstützt Matthias bei den Hausaufgaben. Denn Matthias ist nicht besonders gut in der Schule. Er traut sich nichts zu. Er sagt: „Es ist mir egal, wenn die nächste Klassenarbeit danebengeht. Das bringt doch sowieso nichts." Georg lässt das nicht gelten. Er sagt: „Komm, streng dich an, dann kannst du es schaffen! Probier es! Ich helfe dir. Ich bin sicher: Du schaffst es."

Es ist schön, einen Freund zu haben.

Manchmal merkt Matthias abends vor dem Einschlafen, dass Georgs Worte seine eigenen werden. Er sagt zu sich selbst: „Komm, streng dich an, du schaffst es!" Georg hat ihm geholfen, dass er selbst auf sich achtet. Plötzlich spürt er, dass es auch an ihm selbst liegt, ob sein Leben gelingt und ob er mit sich zufrieden ist.

Es ist wichtig, gute Freunde zu haben. Es ist auch wichtig, sich selbst ein guter Freund zu sein. Denn ein echter Freund bemerkt oft früher, wenn etwas schiefläuft, und sagt das dann auch. Zum Beispiel, wenn zwei Kinder sich schlimm gestritten haben und keines von beiden den ersten Schritt zur Versöhnung tun mag. Oder wenn Erwachsene zu viel arbeiten und keine Zeit mehr füreinander und für ihre Kinder finden. Ein echter Freund würde sagen: „Werft eure Freundschaft nicht weg, sie ist kostbar!" Oder: „Vergiss deine Kinder nicht! Vergiss nicht, wie schön das Leben sein kann!"

Dafür bist du noch nicht alt genug!

Bestimmt kennst du diesen Satz. Und bestimmt hast du dich schon einmal darüber geärgert. Vielleicht hast du aber auch eine kleine Schwester, die unbedingt mitmachen will, wenn du mit den großen Jungs draußen Fußball spielst. Vielleicht hast du dann auch schon zu ihr gesagt: „Dafür bist du noch nicht alt genug!" Was meinst du: Ob sie sich darüber geärgert hat?

Manchmal ist es gut, noch nicht alt genug für etwas zu sein. Wärst du zum Beispiel 30 Jahre älter, müsstest du den ganzen Tag arbeiten. Abends wärst du vermutlich sehr erschöpft und müsstest trotzdem noch bügeln oder kochen. Und wenn du 70 Jahre älter wärst, hättest du vielleicht Schmerzen in den Knien, und dein Gedächtnis würde nicht mehr so gut funktionieren. Jedes Alter hat seine Vorteile…

Meistens geht es den Menschen nicht gut, wenn sie etwas tun, das nicht zu ihrem Alter passt. In vielen Ländern müssen kleine Kinder arbeiten, oder sie werden als Soldaten in den Krieg geschickt. Manchmal leben Jugendliche bei uns wie Erwachsene. Sie übernehmen zu Hause Aufgaben von Erwachsenen, weil die Eltern fehlen oder krank sind. Andere haben schon sehr früh einen Freund und leben mit ihm zusammen wie ein erwachsenes Liebespaar. Sie alle tragen eine Verantwortung, die für Menschen in ihrem Alter zu groß ist. Sie alle sollten sagen dürfen: „Dafür bin ich noch nicht alt genug!"

Privatsachen

Ein kleines Kind findet es nicht schlimm, nackt im Sand zu spielen. Wenn es älter wird, ändert sich das. Dann geht es im Schwimmbad zum Umziehen in eine Umkleidekabine. Es möchte sich vor fremden Blicken schützen. Je älter wir werden, umso deutlicher spüren wir, wie wichtig das ist. Wir verstehen immer besser, dass wir behutsam mit unserem eigenen Körper umgehen und auf ihn achten müssen.

Wir Menschen schützen nicht nur unseren Körper vor fremden Blicken, sondern auch Dinge, die uns kostbar sind: ein Tagebuch zum Beispiel, Fotos oder Briefe, die uns wichtig sind. Manches, was in der Familie besprochen wurde oder was uns eine gute Freundin anvertraut hat, schützen wir vor fremden Ohren. Denn was gesprochen oder aufgeschrieben wurde, geschah im Vertrauen. Wo man sich vertraut, ist man offen: Man traut sich, private Dinge zu erzählen ohne Angst, ausgelacht zu werden. Wo man sich vertraut, fühlt man sich sicher.

Ausgeplaudert

In vielen Zeitschriften gibt es Fotos und Geschichten aus dem Privatleben von Stars oder auch von ganz normalen Jugendlichen und Erwachsenen. Im Internet oder im Fernsehen erzählen Menschen vor Millionen Zuschauern von den Schwierigkeiten in ihrer Ehe, vom Verrat eines Freundes oder von ihren eigenen Fehlern. Das Publikum ist neugierig und findet es spannend, solche privaten Sachen zu erfahren. Aber gleichzeitig fühlt es sich ein bisschen so an, als würde man an einer Tür lauschen und Dinge erfahren, die eigentlich kein Fremder wissen soll.

Was denkst du: Ist es richtig, die eigenen Probleme ins Fernsehen zu bringen? Wie fühlt sich wohl die Freundin, deren Geheimnisse hier ausgeplaudert werden? Glaubst du, die Probleme, von denen diese Menschen erzählen, können im Fernsehen gelöst werden?

Brauche ich die anderen?

Ohne Freunde möchte niemand leben

Der Philosoph Aristoteles hat vor mehr als 2300 Jahren über den Menschen nachgedacht. Er hat ihn so beschrieben: Der Mensch ist ein Lebewesen, das Vernunft hat, sprechen kann und nach Tugend strebt. Und er ist ein Lebewesen, das in Gemeinschaft mit anderen lebt. Diese Gemeinschaft ist für ihn sehr wichtig. Ohne Beziehung zu anderen Menschen ist der Mensch nicht mehr er selbst. Besonders wichtig war für Aristoteles die Freundschaft. Er sagte: „Ohne Freunde möchte niemand leben."

Freundschaft hält die Menschen zusammen. Sie zeigt ihnen: Die Verbundenheit zwischen den Menschen herrscht vor allem Streit und Egoismus. An erster Stelle stehen normalerweise Freundschaft und Wohlwollen. Erst wenn das zerbricht, kommt es zum Streit.

Der Mensch – ein Wolf?

Thomas Hobbes lebte etwa 2000 Jahre später. Er sah das anders. Ihn hat ein Satz des römischen Dichters Titus Maccius Plautus überzeugt: „Der Mensch ist für den anderen Menschen ein Wolf."

Damit meinte er: Einem Fremden gegenüber verhält sich der Mensch nicht wie ein Mensch. Das Erste, was zwischen Menschen besteht, die sich nicht kennen, ist nicht Freundschaft oder Wohlwollen, sondern Misstrauen. Daraus entsteht dann quasi automatisch Streit. Weil jeder zunächst für sich selbst sorgt und sich nur um seine eigenen Bedürfnisse kümmert, ist der Krieg aller gegen alle vorprogrammiert. Frieden, Sicherheit und Gemeinschaft gibt es erst dann, wenn sich alle zusammentun, einen Vertrag schließen und eine Regierung bilden. Dieser Regierung müssen alle gehorchen. Ihre Regeln gelten für alle. Sie schützen die Menschen voreinander. Sie bändigen den Egoismus und das Misstrauen zwischen ihnen.

Welche Erfahrungen hast du gemacht? Ist das Erste, was zwischen zwei Menschen besteht, Misstrauen oder Freundschaft? Wie begegnest du einem neuen Mitschüler: aggressiv oder freundlich? Vertraust du darauf, dass er nett und ehrlich ist, oder denkst du zuerst Schlechtes von ihm?

Vater, Mutter, Kind

Vater und Mutter schenken uns Geborgenheit und Sicherheit. Sie helfen uns dabei, im Leben zurechtzukommen, eigene Entscheidungen auszuprobieren und immer selbstständiger zu werden. Sie sind da, wenn wir sie brauchen, auch dann, wenn etwas schiefgegangen ist.

In der Familie lernen wir, uns auf andere zu verlassen. Wir lernen auch, uns mit anderen auseinanderzusetzen. Jedes Kind, das einen Bruder oder eine Schwester hat, weiß, wie das ist. Immer wieder gibt es Streit, aber immer wieder auch Versöhnung. In der Familie sind wir zu Hause. Einer kann sich auf den anderen verlassen.

Jeder Mensch hat einen Vater und eine Mutter. Kein Kind wäre auf der Welt, wenn sich nicht der Mann und die Frau gefunden hätten, die dann seine Eltern geworden sind. Nicht jedes Kind wächst allerdings bei beiden Eltern auf. Viele leben nur bei ihrer Mutter oder nur bei ihrem Vater. Das hat ganz verschiedene Gründe. Oft haben sich die Eltern getrennt, oder es gab einen Unfall, bei dem einer starb. So unterschiedlich die Gründe sind, warum viele Eltern und Kinder nicht zusammen leben – sie alle spüren manchmal: Es fehlt etwas, wenn nicht beide Eltern da sind, sich verstehen und helfen und gemeinsam für ihre Kinder sorgen.

Füreinander sorgen

Eines der 10 Gebote, die in der Bibel der Juden und Christen stehen, lautet: „Ehre deinen Vater und deine Mutter!" Das Wort „ehren" kommt vielen heute seltsam vor. Was gemeint ist, kann man aber leicht verstehen: In der Familie ist es ganz wichtig, dass alle zusammenhalten, aufeinander achten und füreinander sorgen. Immer wieder muss man Rücksicht nehmen und Verantwortung füreinander übernehmen. Die Eltern sorgen für ihre Kinder. Sie sind für sie da und begleiten sie auf ihrem Weg ins Leben. Sie helfen ihren Kindern, ein gutes Leben zu führen und selbstständig zu werden. Die Kinder können sich auf ihre Eltern verlassen, auch wenn sie nicht immer verstehen, warum sie etwas tun oder sagen. Sie können darauf vertrauen, dass die Eltern es gut mit ihnen meinen, auch wenn sie manchmal etwas verbieten oder schimpfen.

Wenn die Kinder erwachsen und die Eltern alt geworden sind, sorgen sie dafür, dass es den Eltern gut geht. Jetzt ist es umgekehrt. Nun sagen die Kinder zu den alten Eltern: „Macht euch keine Sorgen. Wir sind bei euch, wenn ihr uns braucht. Jetzt könnt ihr euch auf uns verlassen."

Du wirst nicht sterben!

Eltern, Geschwister, Verwandte und Freunde sind kostbar. Niemand kann sie ersetzen. Das ist uns zwar im Alltag nicht ständig bewusst. Aber immer wieder gibt es Augenblicke, in denen wir dies spüren: Das kann ein gutes Gespräch sein, eine gemeinsame schöne oder auch schwere Erfahrung, Trost und Rat zur rechten Zeit und vieles mehr. In solchen Augenblicken stellt sich Dank-

barkeit ein und ein Ge-
fühl, dass alles stimmt.
Bestimmt hast du diese
Erfahrung auch schon
gemacht.

Wenn jemand stirbt,
der uns kostbar ist, ist
das eine Katastrophe.
Ein geliebter Mensch
ist nicht mehr da. Er
kann uns nicht mehr
anschauen, nicht mehr
in den Arm nehmen,

kein gutes Wort mehr sagen. Auch ein Stück unseres
eigenen Lebensweges bricht ab, denn er ist eine Wegstrecke mit uns zusammen gegangen. Den Weg allein weiterzu-
gehen ist nicht dasselbe.

Der Philosoph Gabriel Marcel hat vor 60 Jahren einmal gesagt:
„Einen Menschen lieben, heißt sagen: Du wirst nicht sterben."

Er möchte damit ausdrücken, dass es für jemanden, der liebt,
unvorstellbar ist, dass der andere mit dem Tod endgültig fortgeris-
sen wird. Der Liebende kann sich nicht vorstellen, dass das Leben
des anderen nur ein unbedeutender Augenblick in einer sinnlosen
Welt war, dass das Kostbare der gemeinsamen Wegstrecke nur ein
Traum war. Wer liebt, kann den Gedanken nicht ertragen, dies alles
sei gleichgültig gewesen. Die Freundschaft war bereits ein Protest
gegen solche Sinnlosigkeit und gegen den Tod. Hier hat er deutlich
gespürt, dass die Welt nicht sinnlos *ist*. Diese Erfahrung war kein
Traum. Diese Gewissheit bringt Marcel zu seinem Satz. Es ist ein
Satz der Hoffnung: dass diese Erfahrung Recht behält und dass der
geliebte Mensch lebt.

Bekommen Mäuse Windpocken?

Kleine Tiere, große Tiere

Magst du Tiere? Bestimmt. Vielleicht hast du sogar ein eigenes Haustier: einen Hund oder ein Kaninchen, für das du sorgst. Sie sind wie ein guter Freund, und wenn sie einmal sterben, bist du sehr traurig. Aber magst du alle Tiere? Auch Mücken und Wespen? Wie ist es mit Kopfläusen? Bei vielen hört hier die Freundschaft auf.

Manche Menschen lehnen es ab, das Fleisch von Tieren zu essen. Man nennt sie Vegetarier, das bedeutet: Pflanzen-Esser. Sie wollen nicht, dass Tiere ihretwegen sterben. Andere verzichten aus gesundheitlichen Gründen auf Fleisch. In Asien finden es viele Menschen aus religiösen Gründen nicht richtig, Fleisch zu essen. Denn jedes Töten ist Gewalt.

Wir Menschen gehen mit den Tieren und Pflanzen in unserer Umwelt ganz unterschiedlich um. Es gibt viele Fragen, über die man nachdenken kann.

Was haben Mäuse mit Tabletten zu tun?

Medizin wird hergestellt, damit Kranke gesund werden. Das ist ein wichtiges und gutes Anliegen. Viele Forscher arbeiten an der Entwicklung neuer Medikamente. Es ist kompliziert, herauszufinden, welche Stoffe am besten gegen eine Krankheit helfen. Die neuen Medikamente können auch nicht sofort an Menschen ausprobiert werden. Möglicherweise haben sie schädliche Wirkungen, die man im Labor nicht entdeckt hat. Deshalb testet man die neuen Wirkstoffe zuerst an Tieren: an Mäusen, Ratten, Schweinen und anderen Tieren. Viele Ergebnisse lassen sich auf den Menschen übertragen, denn die Organe dieser Tiere sind unseren Organen ähnlich.

Mit solchen Tierversuchen wurde Medizin gegen viele schlimme Krankheiten entwickelt. Zahlreiche Menschen wurden gesund. Viel Leid konnte verhindert werden. Aber viele Tiere starben an den Experimenten.

Manche sagen: Das muss man in Kauf nehmen. Denn das Leben eines Menschen wiegt mehr als das eines Tieres. Die Erfolge der Forschung wären ohne Tierversuche viel geringer. Andere meinen: Tierversuche sind nicht richtig. Außerdem sind ihre Ergebnisse nicht eindeutig genug. Viele Krankheitsursachen treten bei Tieren nicht auf, zum Beispiel Stress oder das Rauchen. Die Ergebnisse aus Tierversuchen kann man deshalb nicht einfach auf den Menschen übertragen. Viele Tiere sterben umsonst.

Was denkst du? Darf man Tiere gefährden, damit Menschen leben und gesund werden?

Erfrorene Pinguine

Im letzten Winter sind im Nürnberger Zoo fünf Pinguine erfroren. Eigentlich sollte man meinen, dass Pinguine gar nicht erfrieren können. Denn sie sind doch quasi die Eskimos unter den Vögeln. Diese Pinguine kamen allerdings nicht vom Südpol, sondern aus einer Gegend, in der es wärmer ist als bei uns im Winter. Sie waren die Kälte nicht gewohnt und konnten sich nicht auf sie einstellen.

Das Beispiel der Nürnberger Pinguine zeigt ein Problem: Einerseits ist es toll, dass wir hier in Deutschland Tiere anschauen und besuchen können, die normalerweise ganz woanders leben. Außerdem ist das Überleben vieler dieser Tiere in ihrer Heimat nicht sicher. Denn ihr Lebensraum wird durch die Ausbreitung der Städte, durch Umweltverschmutzung und Klimawandel immer weiter eingeschränkt. So gesehen ist der Zoo ein Schutz für viele Tiere. Manche werden sogar wieder in ihre Heimat zurückgebracht und dort ausgewildert. Viele Tierarten wären ohne Zoo bereits ausgestorben.

Andererseits ist für die meisten Tiere das Leben im Zoo ganz anders als das Leben in ihrer natürlichen Heimat. Dort haben sie mehr Platz, um herumzulaufen, und genau das Klima, auf das ihr Körper eingerichtet ist. Außerdem werden sie nicht ständig angeschaut und fotografiert, sondern leben unter ihren Artgenossen.

Was denkst du? Ist es richtig, Tiere im Zoo zu halten? Was muss man tun, damit es ihnen gut geht?

Auch die Pinguine ratschen, tratschen,
klatschen, patschen, watscheln, latschen,
tuscheln, kuscheln, tauchen, fauchen
herdenweise, grüppchenweise
mit Gevattern,
pladdern, schnattern
laut und leise.
Schnabel-Babelbabel-Schnack ...
Joachim Ringelnatz

Preist den Herrn, all ihr Werke des Herrn!

In der Bibel wird von drei Jungen erzählt, die Gott in großer Gefahr
geschützt hat. Vor Freude darüber singen sie ein Lied, in dem sie die
ganze Schöpfung, Menschen, Tiere, Pflanzen und sogar Wind und
Sonne auffordern, Gott zu loben:

Preist den Herrn, all ihr Werke des Herrn:
lobt und rühmt ihn in Ewigkeit!
Preist den Herrn, Sonne und Mond! ...
Preist den Herrn, ihr Sterne am Himmel! ...
Preist den Herrn, aller Regen und Tau! ...
Preist den Herrn, ihr Nächte und Tage! ...
Preist den Herrn, Licht und Dunkel! ...
Preist den Herrn, ihr Blitze und Wolken! ...
Preist den Herrn, ihr Berge und Hügel! ...
Preist den Herrn, all ihr Gewächse auf Erden! ...
Preist den Herrn, ihr Meere und Flüsse! ...
Preist den Herrn, ihr Tiere des Meeres! ...
Preist den Herrn, all ihr Vögel am Himmel! ...
Preist den Herrn, all ihr Tiere, wilde und zahme! ...
Preist den Herrn, ihr Menschen: lobt und rühmt ihn in Ewigkeit!
Aus der Bibel, Buch des Propheten Daniel 3,52–83

Aufgepasst!

Unsere Umwelt ist kein Automat, der einfach so und für immer gut funktioniert. Tiere, Pflanzen, Böden, Gewässer, die Luft und das Wetter sind auf vielfältige Weise voneinander abhängig. Verändert sich ein Teil, hat das Auswirkungen auf die anderen. Unser Klima ist unter anderem abhängig davon, wie groß die Urwälder auf unserer Erde sind und welche Pflanzen dort wachsen. Der Anteil der Gift-stoffe im Boden beeinflusst die Reinheit des Grundwassers. Solche Zusammenhänge erkennen wir heute deutlicher als früher. Manche Veränderungen sind schädlich für das ganze System und bedrohen das Überleben von Menschen und Tieren. Viele Umweltschäden ha-ben wir Menschen durch unser Verhalten verursacht. Oft lassen sie sich nicht rückgängig machen.

Dennoch gibt es viele Projekte und Ideen, die dazu beitragen, un-sere Umwelt zu schützen. In einer Realschule in Bayern gibt es zum Beispiel ein Energiespar-Projekt: Einige Schüler haben untersucht, welche Geräte besonders viel Energie verbrauchen. Sie haben die Lampen und Heizungen in den Klassenräumen überprüft und den anderen Schülern Tipps gegeben, wie sie Strom sparen können. Jede Klasse hat einen Energie-Wächter ernannt.

An vielen Orten gibt es Patenschaften, die Kinder, Jugendliche und Erwachsene für einen Bach, eine Wiese oder ein Waldstück übernehmen. Sie sorgen dafür, dass kein Müll liegen bleibt. Sie beobachten, wie sich die Pflanzen und Tiere im Laufe des Jahres entwickeln, und lesen daran ab, wie gesund der Bach oder der Wald ist.

Welche Projekte gibt es an eurer Schule? Überleg einmal mit deinen Freunden, was ihr gemeinsam tun könnt, um unsere Umwelt zu schützen!

Wie wird man allen gerecht?

Schon in der Familie oder in der Klasse ist es nicht einfach, alle unter einen Hut zu bringen. Zu unterschiedlich sind die Bedürfnisse und Wünsche, die Fähigkeiten und Aufgaben der Einzelnen. Stadtrat und Bürgermeister einer Stadt müssen dieses Kunststück für mehrere Tausend Bürger schaffen. Bei einem Staat handelt es sich um viele Millionen. Wie kann man allen gerecht werden? Wie kann es gelingen, dass alle zusammenwirken und niemand benachteiligt wird?

Philosophen an die Macht!

Der Philosoph Platon hat vor ungefähr 2400 Jahren darüber nachgedacht, welche Staatsform die beste ist. Er war der Meinung, dass die Weisen, also die Philosophen, regieren sollten. Denn sie sind sehr klug, sie verstehen, was gut ist und worin Gerechtigkeit besteht. Also können sie auch am besten dafür sorgen, dass das Ziel des Staates, die Gerechtigkeit, verwirklicht wird. Die Krieger sollten die zweite Gruppe im Staat bilden. Sie sind besonders mutig und sorgen dafür, dass der Staat gut geschützt ist. Und die Handwerker und Bauern achten darauf, dass alle Bürger genug zu essen und anzuziehen haben. Ganz ähnlich wie im einzelnen Menschen die verschiedenen Kräfte der Seele zu-

sammenwirken, so auch im Staat: Jeder tut, was er am besten kann, damit es allen gut geht.

Um nach Platons Theorie regieren zu können, muss man gut ausgebildet sein. Ein Philosophenkönig muss das ganze Schulprogramm von Musik, Dichtung, Gymnastik, Sternkunde, Mathematik und Philosophie durchlaufen und dazu noch ein langes Praktikum machen. Insgesamt rechnete Platon für die komplette Ausbildung 50 Jahre!

Platons Staat hat es in Wirklichkeit nie gegeben. Trotzdem kann man über seine Idee nachdenken: Sind die Philosophen die besten Politiker? Viele Menschen heute finden das nicht. Sie sagen: Philosophen können zwar gut nachdenken, aber sie sind im praktischen Leben nicht besonders geschickt. Platons Anliegen war aber vor allem, dass Vernunft und Gerechtigkeit herrschen. Dafür hat er eine Lösung gesucht. Was muss man heute tun, damit es vernünftig und gerecht zugeht?

Freiheit – Gleichheit – Brüderlichkeit

So lautete das Motto der Französischen Revolution von 1789. In harten Kämpfen vollzog sich in dieser Zeit ein ungeheurer Wandel. Die Menschen hatten hohe Ideale: Die Gesellschaft sollte gerecht geordnet werden. Nicht nur der König, die Adligen und die Priester, sondern auch die Kaufleute und Bauern sollten mitreden dürfen. Ihre Stimme sollte nicht weniger gelten als die der Mächtigen. Jeder sollte sagen und denken dürfen, was er möchte. Die Nation sollte das Wichtigste sein. Die Leibeigenschaft sollte abgeschafft werden. Die Regierung sollte von allen gewählt werden und das ganze Volk vertreten. Wer Macht hat und ausübt, sollte darüber Rechenschaft ablegen müssen. Man hatte verstanden: Alle Menschen haben als Menschen die gleichen Rechte. Sie sind frei. Sie sollen einander als Brüder achten.

Die Revolution hatte leider auch sehr viele dunkle Seiten. Es gab ungeheuer viel Gewalt und Blutvergießen. Gegner der Revolution wurden hingerichtet. Die Geschichte hat gezeigt: Dass die Menschen ihre Mitmenschen anerkennen und deren Freiheit achten, ist nicht selbstverständlich. Gerade das geschah oft nicht aus freien Stücken, sondern es wurde mit Gewalt durchgesetzt. Aber ohne einen Geist der Geschwisterlichkeit sind alle Strategien, die Welt zu verbessern, zum Scheitern verurteilt.

Demokratie

Viele Ideale der Revolution sind aber heute verwirklicht: Alle Menschen haben in unserem Land die gleichen Rechte. Sie sind frei und können selbst über ihr Leben bestimmen. Alle erwachsenen Bürger wählen die Politiker, die die Regierung bilden. So sind alle vertreten und an der Macht im Staat beteiligt. Deshalb nennt man unsere Staatsform Demokratie. Dieses Wort kommt aus dem Griechischen und bedeutet: Macht des Volkes. Deshalb ergehen auch die Urteile, die die Gerichte sprechen, im Namen des Volkes. Sie entsprechen den Gesetzen, die im Parlament beschlossen werden.

Wie kann es gelingen, auf eine Frage, die alle betrifft, eine richtige Antwort zu finden? Wann gilt eine Antwort für alle gleichermaßen? Wann könnte jeder denkende Mensch dieser Antwort zustimmen?

Der Philosoph Jürgen Habermas hat in unserer Zeit viel über diese Frage nachgedacht. Er ist der Ansicht, dass die vernünftige Diskussion aller Beteiligten zur richtigen Antwort führt. Allerdings müssen einige Bedingungen erfüllt sein: Alle Gesprächsteilnehmer müssen einander anerkennen. Sie müssen ehrlich sagen, was sie wissen und denken. Sie müssen sich den anderen verständlich machen. Alle Argumente müssen gut gegeneinander abgewogen werden. Man muss sorgfältig überprüfen, ob sie richtig oder falsch sind. Jeder muss jedem anderen zuhören. Jeder darf Fragen stellen und Kritik äußern. Alle müssen überlegen, ob sie voreingenommen sind oder wirklich auf die Kraft des besseren Argumentes vertrauen.

Diese Bedingungen sind ein Ideal. In unserem Alltag sind sie nicht vollständig zu verwirklichen. Nicht alle können in jeder Frage mitdiskutieren. Häufig fehlt die Zeit, um eine Frage wirklich gut zu besprechen. Die Probleme, die wir lösen müssen, sind furchtbar kompliziert. Meist brauchte man Spezialisten, die sich wirklich gut mit der Sache auskennen, um die es geht. Und wenn die Sprecher einander nicht mögen oder wenn einer Macht über den anderen hat, kommt ein vernünftiges Gespräch kaum zustande.

> Ein starker Gedanke teilt auch dem,
> der anderer Meinung ist,
> von seiner Kraft etwas mit.
> *Marcel Proust*

Das Wort Justitia ist Latein und bedeutet Gerechtigkeit. Sie wird häufig als Figur dargestellt, zum Beispiel an einem Gerichtsgebäude oder Kirchenportal. Sie hat die Augen verbunden, eine Waage und ein Schwert in der Hand. Was soll das bedeuten? Ist die Gerechtigkeit blind?

In gewisser Weise ja: Sie ist blind dafür, ob vor ihr ein Chef oder ein Arbeitsloser, ein Schwarzer oder ein Weißer steht. Gerechtigkeit ist unparteiisch. Das bedeutet: Ihr Maßstab gilt für den Armen genauso wie für den Reichen, für den Unfreundlichen genauso wie für den, der sich beim Richter einschmeicheln will. Gerechtigkeit schaut nicht auf die Person.

Aber sie ist natürlich nicht blind, wenn es um die Sache geht. Im Gegenteil: Sie wägt genau ab und prüft alle Beweise. Dafür steht die Waage. Meist hängt eine Waagschale tiefer als die andere. Damit wird ausgedrückt: Im Zweifelsfall wiegt der Schutz des Angeklagten schwerer als der Verdacht gegen ihn. Solange seine Schuld nicht eindeutig bewiesen ist, muss man an seine Unschuld glauben. Das Schwert steht für die Kraft der Gerechtigkeit. Sie muss sich durchsetzen. Ohne Gerechtigkeit geht eine Gesellschaft zugrunde.

Was denkst du: Darf die Gerechtigkeit nicht wissen, wer vor ihr steht? Kann man dem Einzelnen gerecht werden, ohne ihn zu kennen, ohne ihn anzusehen, ohne ihm Gutes zu wollen? Wann muss Gerechtigkeit blind sein und wann nicht?

Gerechtigkeit und Friede küssen sich

In der Bibel der Juden und Christen gibt es ein Gebetslied, in dem von der Gerechtigkeit Gottes die Rede ist. Gerechtigkeit erscheint hier nicht als scharfes Schwert, sondern als liebevoller Blick, mit dem Gott sich der Welt und den Menschen zuwendet. In Gottes Ordnung gehören Gerechtigkeit, Liebe, Frieden und Heil immer zusammen.

Ich will hören, was Gott redet:
Frieden verkündet der Herr seinem Volk und seinen Frommen,
den Menschen mit redlichem Herzen.
Sein Heil ist denen nahe, die ihn fürchten.
Seine Herrlichkeit wohne in unserm Land.
Es begegnen einander Huld und Treue;
Gerechtigkeit und Friede küssen sich.
Treue sprosst aus der Erde hervor;
Gerechtigkeit blickt vom Himmel hernieder.
Auch spendet der Herr dann Segen
und unser Land gibt seinen Ertrag.
Gerechtigkeit geht vor ihm her
und Heil folgt der Spur seiner Schritte.
Aus der Bibel, Psalm 85,9–14

Wem gehört die Welt?

Warum backt der Bäcker Brötchen?

Der Arbeitstag eines Bäckers beginnt früh: Mitten in der Nacht steht er auf und geht in die Backstube. Dort bereitet er eine Menge Teig vor. Denn die Menschen stehen schon früh am Morgen in seinem Laden, weil sie für sich und ihre Familie frische Brötchen zum Frühstück kaufen möchten.

Warum backt der Bäcker Brötchen?

Der schottische Moralphilosoph Adam Smith meinte vor ungefähr 240 Jahren: Der Bäcker steht nicht deshalb in der Backstube, weil er für die anderen sorgen möchte. Er backt Brötchen, weil er selbst Geld verdienen will. Er gibt sich Mühe, die besten Brötchen der Stadt zu backen, damit die Leute zu ihm und nicht zu einem anderen Bäcker gehen. Und das ist auch in Ordnung so. Denn er braucht seinen Lohn. Er muss seine Miete bezahlen, Essen und Kleidung kaufen und seine Familie versorgen. Und die Menschen, die zum Bäcker gehen, kaufen ihre Brötchen, weil sie Hunger haben – und nicht, weil sie dem Bäcker eine Freude machen wollen. Adam Smith folgerte daraus: Unsere Wirtschaft funktioniert am besten, wenn jeder nach seinem eigenen Interesse handelt. Obwohl keiner extra für die anderen sorgt, geht es letztlich doch allen gut. Der Eigennutz der Einzelnen führt quasi automatisch zum Wohl aller. Die Regierung soll sich nicht in diese Abläufe einmischen, sondern den Dingen ihren Lauf lassen.

Was denkst du? Reicht es aus, dass jeder bei seiner Arbeit nur seinen Vorteil im Blick hat? Kann eine Gemeinschaft überleben, in der es jedem nur um sich geht? Was ist mit denen, die nicht arbeiten können, weil sie arbeitslos, krank oder alt sind? Wer sorgt für sie?

Vor über 150 Jahren veränderten sich in Europa die Arbeitsabläufe und Berufe. Neue Techniken und Maschinen wurden erfunden. Fabriken entstanden. Unter den Fabrikarbeitern herrschte großes Elend: Trotz ungeheurer Arbeit bekamen sie nicht genug Lohn, um für sich und ihre Familie zu sorgen. Schon kleine Kinder mussten arbeiten und konnten nicht zur Schule gehen. Viele

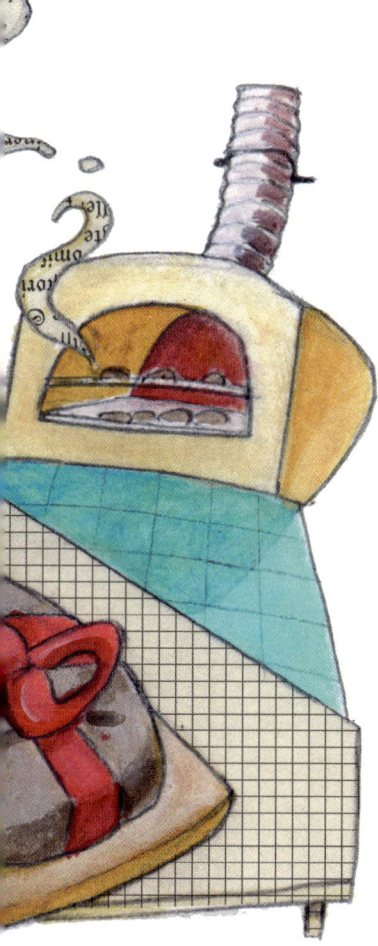

Menschen hungerten und wurden krank, weil die Arbeit in der Fabrik so ungesund war. Wer sich beklagte oder fehlte, wurde entlassen.

Verschiedene Lösungen für diese Probleme wurden vorgeschlagen. Auch die Päpste beteiligten sich an der Diskussion. Sie verfassten Rundschreiben an die Gläubigen und die ganze Welt. Sie schrieben: Wir leben in einer gemeinsamen Welt. Es reicht nicht aus, zu sagen, dass der einzelne Mensch frei ist. Die Handlungen der Reichen haben Auswirkungen auf das Leben der Armen. Ein Arbeiter, dessen Familie hungert, spürt seine Freiheit nicht. Deshalb brauchen wir gemeinsame Regeln und Strukturen, die die Freiheit und die Würde aller schützen: zum Beispiel Regeln, die Ungerechtigkeit und Armut verhindern und die es den Menschen erlauben, in Sicherheit zu leben und für ihre Rechte einzutreten, zu lernen und sich an den Aufgaben der Gesellschaft zu beteiligen. In der großen Familie der Menschheit sind alle verpflichtet, auch den Schwachen ein Leben zu ermöglichen, in dem sie ihre Freiheit und Würde tatsächlich spüren.

Sie wussten auch: Regeln sind nicht genug. Wir brauchen auch die persönliche Einstellung aller, jeden zu achten und niemanden ausbeuten zu wollen.

Unterstützung der Bedürftigen

Im Leben eines gläubigen Muslim sind fünf so genannte Säulen wichtig. Sie sollen sein Leben prägen. Eine davon ist die Unterstützung der Armen, zumindest dann, wenn er nicht selbst arm ist. Allerdings ist nicht gemeint, dass man ab und an freiwillig ein Geschenk machen soll, für das man sich dann vom Beschenkten feiern lassen könnte. Ganz im Gegenteil: Es handelt sich um eine Verantwortung, die Gott den Menschen übertragen hat. Und man soll im Verborgenen geben, so dass der Arme sich nicht seiner Armut schämen muss, wenn er einem später einmal begegnet.

Denn aller Reichtum wurde den Menschen von Gott anvertraut mit der Aufgabe, für die Armen, die Kranken, die Sklaven, die Kinder ohne Eltern und alle anderen Bedürftigen in ihrer Mitte zu sorgen. Stolz, Habgier und Egoismus widersprechen dem Gebot Gottes. Die Unterstützung der Armen reinigt den Geber von diesen schlechten Eigenschaften. Wer Almosen gibt, zeigt, dass er Gott dankbar ist für all das, was Er ihm geschenkt hat. Er geht auf den Wegen Gottes. Er macht deutlich, dass er mit dafür verantwortlich ist, dass alle Mitglieder der Gemeinde menschenwürdig leben können. Die Armen zu unterstützen ist also eine Haltung, die das ganze Leben eines Muslim prägen soll.

Sollten alle gleich viel verdienen?

Wer arbeitet, verdient Lohn. Mit diesem Geld kann er kaufen, was er braucht und was ihm gut gefällt. Wäre es gerecht, wenn alle gleich viel Geld bekommen, egal, welchen Beruf sie haben und wie viel sie arbeiten? Und wie viel muss jeder bekommen? Sollte jemand, der Kinder hat, mehr Geld verdienen als jemand, der nur für sich selbst sorgen muss? Wer legt überhaupt fest, wie hoch der Lohn des Einzelnen sein soll?

Normalerweise tut das derjenige, der Arbeit zu verteilen hat, also zum Beispiel der Chef einer Firma. Einerseits will er so wenig Geld ausgeben wie möglich. Denn die Firma muss Gewinn machen. Die Arbeiter brauchen ihren Arbeitsplatz. Wenn die Firma pleitegeht, ist keinem gedient.

Der Chef hat also eine große Verantwortung. Er muss gut abwägen, wem er wie viel Lohn gibt. Vielleicht stellt er lieber einen ein, der mit einem geringen Lohn zufrieden ist, als einen, der viel Geld verlangt. Andererseits arbeitet jemand, der mit seiner Arbeit und mit seinem Lohn zufrieden ist, zuverlässiger als der, der sich ungerecht behandelt fühlt.

Ein Chef muss noch mehr berücksichtigen. Die vielen Arbeiter in seiner Firma bringen ganz unterschiedliche Voraussetzungen mit: Der eine hat direkt nach der Schule angefangen zu arbeiten, der andere hat ein langes Studium oder viele Fortbildungen hinter sich. Er verdient mehr Geld, denn er kann mehr Verantwortung übernehmen und hat oft einen besseren Überblick über das, was zu tun ist.

Was bedeutet Armut?

Viele Menschen auf der Welt hungern. Sie haben weniger als einen Euro am Tag. Davon kann man in keinem Land gesund leben. Alle drei Sekunden stirbt auf unserer Erde ein Kind an den Folgen schwerer Armut.

Auch in Deutschland sind sehr viele Kinder und Erwachsene arm. Sie haben zwar mehr Geld als nur einen Euro und müssen normalerweise nicht hungern oder frieren. Armut hat aber viele Gesichter: zum Beispiel nicht an einer Klassenfahrt teilnehmen zu können, kein Geld für Musikunterricht, Nachhilfe oder den Sportverein zu haben.

Armut betrifft allerdings nicht nur den Geldbeutel. Armut kann heißen, dass ein Kind seine Fähigkeiten nicht entwickeln kann: etwa weil niemand bemerkt, dass es gut malen kann. Armut kann bedeuten, nicht zu wissen, wie schön es ist zu lesen, etwas zu lernen, Fantasiereisen zu unternehmen oder sich für etwas einzusetzen. Einer, der nicht arbeiten kann, weil er krank ist, kann sehr arm sein, auch wenn er genug Geld besitzt. Genauso wie einer, der kaum Freunde hat oder dem es nicht gelingt, seinen Tagesablauf zu planen – auch er ist arm.

Was denkst du: Ist ein Mann, der furchtbar viel Geld hat, aber jeden Abend einsam ist und traurig einschläft, arm oder reich? Ist er ärmer oder reicher als eine Frau, die wenig Geld hat und auch einsam und traurig ist?

Agnes Gonxhe Bojaxhiu wurde 1910 in Mazedonien geboren. Bekannt wurde sie unter ihrem Ordensnamen: Mutter Teresa. 1979 bekam sie den Friedensnobelpreis. 1997 starb sie. Mutter Teresa war eine ungewöhnliche Frau mit einer einzigartigen Berufung. Sie lebte in Kalkutta in Indien. Dort sah sie schreckliche Armut. Sie entschloss sich, ihr Leben den Ärmsten der Armen zu widmen, und gründete 1950 den Orden der Missionarinnen der Nächstenliebe. Heute hat der Orden 3500 Mitglieder und arbeitet in 133 Ländern der Erde.

Die Missionarinnen der Nächstenliebe leben freiwillig in äußerster Armut. Sie besitzen nichts außer zwei oder drei Umhängen, Unterwäsche, einem Wasch-Eimer, Papier, Stiften und einem Gebetbuch. In den Elendsvierteln der Welt kümmern sie sich um ausgesetzte Säuglinge, Kranke, Hungernde und Sterbende. Sie pflegen die Ärmsten der Armen und sind bei ihnen, wenn sie sterben. Sie schenken ihnen Aufmerksamkeit und Liebe.
Sie leben dafür, dass sich niemand unerwünscht fühlt und alleingelassen wird. Fünf Stunden verbringen die Schwestern jeden Tag im Gebet.

Warum tun sie das alles? Mutter Teresa erklärt: In den Ärmsten der Armen ist Jesus Christus lebendig, der gesagt hat: „Was ihr für einen meiner geringsten Brüder getan habt, das habt ihr mir getan" (Aus der Bibel, Matthäusevangelium 25,40). Der Dienst an den Armen ist Gottesdienst. Hier begegnet ihnen Jesus Christus.

Wann ist endlich Frieden?

Selig, die Frieden stiften,
denn sie werden Kinder Gottes genannt werden.
Aus der Bibel, Matthäusevangelium 5,9

Verkehrte Welt

Die Geschichte der Menschheit ist voll von Kriegen. Auch in unserer Zeit gibt es zahlreiche Kämpfe und Kriege. Unzählige Menschen leiden unsagbar, weil Völker und Nationen gegeneinander kämpfen. Im Krieg kommen die dunkelsten Seiten der Menschen ans Licht. Menschen kämpfen gegen Menschen, Nachbarn gegen Nachbarn, Völker gegen Völker. Grausame Verbrechen geschehen im Dunkel der Kämpfe. Misstrauen, Hass und Rache bestimmen das Geschehen.

Die guten Kräfte der Menschen werden missbraucht: Menschen, die gut planen können, planen nun die Vernichtung anderer Menschen. Kluge Leute entwickeln Bomben und grausame Waffen. Wer gut organisieren kann, organisiert den Transport von Truppen und Panzern. Geschickte Handwerker bauen Waffen, die andere Menschen töten. Schriftsteller und Journalisten stellen ihre Worte in den Dienst der Kriegsparteien und nehmen es mit der Wahrheit oft nicht mehr so genau. Richter sprechen ungerechte Urteile. Lehrer schwören die Schüler auf den Krieg ein. Nachbarn, die Freunde sein könnten, kennen nur Feinde und verraten einander.

Natürlich gibt es immer auch Menschen, die nicht bereit sind, bei dieser verkehrten Welt mitzumachen. Ihr Herz bleibt aufrecht und ihr Verstand klar. Sie helfen Verfolgten und versuchen, möglichst viele andere vom Frieden zu überzeugen. Sie wollen Frcundschaft mit denen schließen, die im Krieg Feinde genannt werden.

Kann Krieg gerecht sein?

In jedem Krieg sterben Menschen. Viel zu viele leiden. Familien werden auseinandergerissen. Unvorstellbares Unrecht geschieht. Kann es dennoch einen Grund geben, der so etwas Schreckliches wie einen Krieg rechtfertigt? Gibt es Fälle, in denen es erlaubt ist, zu den Waffen zu greifen? Kann durch einen Krieg Schlimmeres verhindert werden?

Über diese Frage wurde in der Geschichte immer wieder diskutiert. Deutlich wurde: Krieg kann nur das allerletzte Mittel sein. Erst wenn alle Gespräche scheitern, darf man überhaupt über einen Krieg nachdenken. Es muss einen gerechten Grund geben: Verteidigung oder Schutz einer verfolgten Bevölkerungsgruppe zum Beispiel. Einen anderen Staat einfach anzugreifen ist auf jeden Fall verboten. Der Krieg muss dazu dienen, Gerechtigkeit und Frieden wiederherzustellen. Jedes unnötige Leid muss vermieden werden. Die Bevölkerung muss geschont werden. Gefangene müssen gerecht behandelt werden. Doch all diese Gründe machen den Kummer einer Mutter nicht geringer, die im Krieg einen Sohn verloren hat. Sie trösten nicht das Kind, dessen Vater getötet wurde. Und die Soldaten, die heimkehren, sind nicht mehr dieselben wie die, die in den Krieg gezogen sind. Sie haben Schreckliches gesehen und erlebt, das sie nie mehr vergessen können.

Frieden oder Waffenstillstand?

Kannst du dich noch an einen schlimmen Streit erinnern, den du mit deinem Bruder oder einem Mitschüler hattest? Wie habt ihr es geschafft, den Streit zu beenden? Vielleicht seid ihr euch zunächst aus dem Weg gegangen – der eine mit Tränen in den Augen und die andere mit Wut im Bauch. Wie war es bei der nächsten Begegnung? Konntet ihr einander in die Augen schauen? Habt ihr miteinander gesprochen? Wie habt ihr euch schließlich versöhnt? Habt ihr es allein geschafft oder hat der Vater, eine Lehrerin oder ein Mitschüler dabei geholfen? Was würdest du sagen: Wann war wirklich wieder Frieden zwischen euch?

Im Großen, unter verfeindeten Ländern oder Gruppen, ist das gar nicht so anders. Auch hier bedeutet Frieden viel mehr, als dass niemand mehr kämpft. Wirklicher Friede braucht Versöhnung und Vertrauen zwischen den Beteiligten.

Aber wie schwer kann es sein, einander zu verzeihen! Manchmal ist das Leid so groß, dass Menschen daran zerbrechen. Sie werden bitter und verschlossen. Sie können nicht verzeihen. Manchmal ist auch die Schuld so groß, dass Menschen daran zugrunde gehen. Sie können sich selbst kaum ertragen, bringen es aber nicht übers Herz, um Verzeihung zu bitten.

Wer kann hier helfen?

Wolf und Lamm weiden zusammen

Der Prophet Jesaja hatte eine großartige Hoffnung: Er erwartete einen neuen Himmel und eine neue Erde. Hier wird wahrer Frieden sein – Frieden, der von Gott kommt und die gesamte Schöpfung einbezieht: Menschen und Tiere. Hier gibt es keine Tränen und keine Ungerechtigkeit mehr. Das Böse ist überwunden. Gott, der Herr, ist nah. Gott sagt:

Denn schon erschaffe ich einen neuen Himmel
und eine neue Erde ...
Nie mehr hört man dort lautes Weinen und lautes Klagen.
Dort gibt es keinen Säugling mehr, der nur wenige Tage lebt,
und keinen Greis, der nicht das volle Alter erreicht;
wer als Hundertjähriger stirbt, gilt noch als jung ...
Sie werden Häuser bauen und selbst darin wohnen,
sie werden Reben pflanzen und selbst ihre Früchte genießen ...
Schon ehe sie rufen, gebe ich Antwort,
während sie noch reden, erhöre ich sie.
Wolf und Lamm weiden zusammen,
der Löwe frisst Stroh wie das Rind ...
Man tut nichts Böses mehr
und begeht kein Verbrechen
auf meinem ganzen heiligen Berg,
spricht der Herr.
Aus der Bibel, Buch des Propheten Jesaja 65,17–25

Musizieren für den Frieden

Zwischen Palästinensern und Israelis herrscht seit Langem Feindschaft. Immer wieder kommt es zum Krieg. Frieden scheint unvorstellbar zu sein. Schon ein Waffenstillstand gilt in dieser Region als Erfolg. Doch meist dauert er nicht lang. Denn der Hass sitzt auf beiden Seiten tief. Auch die Nachbarstaaten sind in den Konflikt einbezogen. Die Lage ist kaum zu lösen. Nicht nur die Erwachsenen, schon die Kinder misstrauen einander. Fast jede Familie in diesem Gebiet hat Söhne oder Töchter, Väter oder Mütter durch Kämpfe oder Attentate verloren.

Und doch gibt es einige Projekte, die Hoffnung machen: zum Beispiel eine Schule, in der arabische und israelische Kinder gemeinsam unterrichtet werden. Sie entdecken die Sprache und die Gedanken der anderen und schließen Freundschaft in einer Welt voller

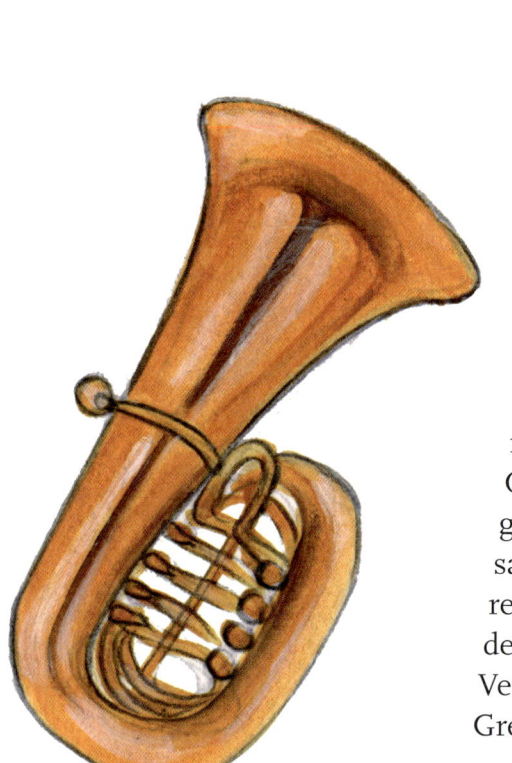

Misstrauen. Ein anderes Projekt führt palästinensische und israelische Jugendliche sowie junge Leute aus Syrien, Jordanien, dem Libanon und Ägypten in einem großen Orchester zusammen. Sie machen gemeinsam Musik. Sie müssen zusammenwirken und aufeinander hören. Sie betreten gemeinsam die Welt der Klänge: ein Land voller Schönheit. Vertrauen kann wachsen. Musik kann Grenzen überwinden.

Die Musik
ist die gemeinsame
Sprache aller Nationen dieser Erde.
Khalil Gibran

Widerstand ohne Gewalt

Mahatma Gandhi war ein indischer Rechtsanwalt, der vor 140 Jahren geboren wurde. Eigentlich hieß er Mohandas Karamchand Ghandi. Mahatma ist sein Ehrenname. Er bedeutet: Große Seele. Mahatma Gandhi lebte in Indien und Südafrika. Diese Länder wurden damals von den Engländern regiert. In beiden Ländern erlebte er, dass die Menschen ganz unterschiedlich behandelt wurden – je nachdem, welche Hautfarbe sie hatten oder welcher gesellschaftlichen Schicht sie angehörten.

Mahatma Gandhi kämpfte in beiden Ländern gegen diese Ungerechtigkeit. Er setzte seine ganze Kraft für die Rechte der Inder in Südafrika ein und dafür, dass Indien unabhängig werden konnte. Sein Rezept war ungewöhnlich: Er war der Überzeugung, dass Wahrheit und Gewaltlosigkeit am Ende über Ungerechtigkeit und Unterdrückung siegen. Er sagte:

Gewaltlosigkeit ist kein Deckname für Feigheit,
sie ist die höchste Tugend
der Tapferen.
Mahatma Gandhi

Gandhi und seine Anhänger unternahmen Protestmärsche und arbeiteten nicht mehr mit den britischen Behörden zusammen. Sie zahlten keine Steuern mehr und kauften keine englischen Waren. Sie verweigerten die Nahrung. Sie kämpften ohne Gewalt. Dennoch wurden sie oft verhaftet und saßen lange Jahre im Gefängnis.

Auch wenn die Veränderung der Gesellschaft nicht in allen Punkten so verlief, wie Gandhi es sich gewünscht hatte, fand der gewaltlose Widerstand Beachtung. Indien wurde unabhängig.

Und was denkst du?

Und was denkst du?

_____

_____

_____

Warum gibt es so viel Ungerechtigkeit?

_____

_____

_____

Sind alle Menschen frei?

_____

_____

_____

_____

Kann ein Mensch, der keinen anderen Menschen kennt, gut sein?

Warum ist dein bester Freund dein bester Freund?

Was ist schöner: eine Tafel Schokolade allein zu essen oder sie zu teilen?

Muss man immer die Wahrheit sagen?

Gibt es etwas, das auch der mächtigste Mensch der Welt nicht befehlen kann?

Was bedeutet Mitleid?

Kann man jemandem verzeihen, der nicht um Verzeihung bittet?

Darf man einem Menschen schaden, um vielen anderen zu helfen?

Warum kann man sich bei einem Computer nicht bedanken?

Wie sähe eine Welt ohne Hoffnung aus?

Register

K

Kampf, kämpfen 38, 67, 78, 80, 82, 83

Kaninchen 12, 13, 60

Kind 11, 15, 16, 18, 19, 30, 35, 37, 40, 44–46, 49, 52–54, 57, 58, 65, 73, 74, 76, 78, 79, 82

Klasse, Klassenfahrt, Klassenarbeit 46, 53, 65, 66, 76

Klugheit, klug 22, 31, 33, 66, 78

Körper 35, 55, 62

Krankheit, krank sein 24, 27, 31, 35, 50, 51, 54, 60, 61, 72–74, 76, 77

Krieg 29, 31, 39, 54, 56, 66, 78, 79, 82

Kummer 48, 50, 79

L

Land, Nation 12, 20, 26, 31, 32, 54, 62, 67, 68, 71, 76–78, 80, 82, 83

Leben, überleben, lebendig sein 10, 13, 16–20, 22, 23, 25, 28–35, 38, 39, 46–58, 61, 62, 64, 67, 68, 72–74, 76, 77

Leid, leiden 34, 36, 50, 61, 78–80

Lernen 22, 27, 52, 57, 73, 76

Liebe, lieben 46, 47, 49, 54, 59, 71, 77

Lohn 10, 25, 72–75

Lüge, lügen, gelogen 11, 17, 36, 37, 47

M

Macht, mächtig sein 12, 17, 18, 31, 51, 66–69

Mädchen 17, 18, 30, 31, 49

Mann 13, 23, 30, 31, 41, 57, 76

Maßstab 21, 25, 31, 47, 70

Medizin, Medikament 60, 61

Mensch, Mensch sein, menschlich 10, 12, 13, 14, 16, 18–22, 25–27, 29–35, 38, 40–43, 45–52, 54–57, 59–61, 63, 64, 66–69, 71–74, 76, 78–81, 83

Menschenrecht 31, 32

Mittel 23, 27, 28, 33, 79

Musik, musizieren, musikalisch 30, 66, 76, 82

Mut, mutig 66

Mutter 11, 17, 18, 26, 35, 37, 47, 57, 58, 76, 77, 79, 82

N

Nachbarn 37, 39, 45, 78, 82

Nachteil 21, 66

O

Oma, Opa 10, 11, 28

Ordnung, geordnet 18, 20, 28, 29, 46, 67, 71, 72

P

Person 30, 32, 33, 35, 39, 70, 73

Philosophie, Philosoph 10, 17, 21, 22, 33, 34, 40, 42, 52, 56, 59, 66, 67, 69, 72

R

Recht, Recht haben 12, 25, 31–33, 35, 38, 41, 59, 67, 68, 73, 83

Regel 10, 20, 21, 25, 31, 57, 73

Regierung 57, 67, 68, 72

Für kleine Philosophen

Julia Knop
Die großen Fragen des Lebens
für kleine Philosophen
ISBN 978-3-451-70907-4

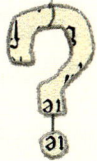

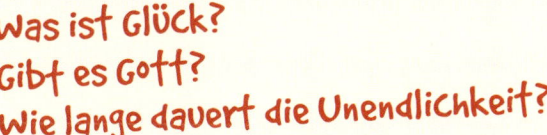

Was ist Glück?
Gibt es Gott?
Wie lange dauert die Unendlichkeit?

Ein wunderbares Buch für alle,
die sich trauen, quer zu denken!

HERDER
Lesen ist Leben

www.herder.de